HERZLICHEN GLÜCKWUNSCH

Mit dem Kauf dieses Buches haben Sie sich entschieden, in Zukunft mehr auf Ihre Figur und Gesundheit zu achten. Das ist Ihr Einstieg in eine gesündere und vitalere Ernährung. Sie werden damit Ihrem Gewichtsziel Woche für Woche näher kommen und gewinnen gleichzeitig mehr Vitalität und Lebensfreude. Zu diesem Entschluss gratulieren wir Ihnen ganz herzlich und danken für Ihr Vertrauen, diesen Weg mit invikoo zu gehen.

Invikoo steht für individuelles und vitales kochen online. Denn alle Rezepte aus unserer Online-Datenbank beinhalten überwiegend natürliche und vitalstoffreiche Lebensmittel. Wie beim Clean Eating-Prinzip eben. So bekommt Ihr Körper während der Gewichtsabnahme Vitalstoffe satt und schaltet nicht in den Sparbetrieb.

Die Clean Eating Rezepte in diesem Buch sind die beliebtesten, ausgewählt aus über 10.000 Rezepten unserer Datenbank. Sie sind arm an Kalorien und reich an Geschmack. Probieren Sie alle aus und bauen die Rezepte, die Ihnen besonders gut schmecken regelmäßig in ihren Speiseplan ein. Das können Sie ganz einfach mit unserer Premium-Mitgliedschaft über die wir Sie am Ende des Buches ausführlicher informieren.

Jedes Rezept in diesem Ernährungsplan liefert Ihnen zwischen 400 und 500 Kalorien. Sollte Ihnen das zu viel oder zu wenig sein, dann laden Sie sich einfach das passende E-Book mit dem Gutscheincode „2wx4pl18" herunter. Diesen Ernährungsplan finden Sie nämlich in unserem Shop auf **www.invikoo.de** auch mit Rezepten zwischen 300 und 400 Kalorien sowie 500 und 600 Kalorien. Natürlich können Sie sich auch für eine andere Ernährungsform wie z. B. Low Carb, Vegetarisch, Vegan, Low Fat oder High Protein entscheiden und diese einmal ausprobieren. Ebenso können Sie sich in unserem Shop die 5 Bauchweg-Fitnessvideos mit dem Gutscheincode „6ks8vw64" kostenlos bestellen.

Sie wollen direkt loslegen? Dann lesen Sie sich bitte die Anleitung für die Vitalfastentage und den Ernährungsplan durch, erstellen Ihre Einkaufsliste und dann geht's an die neuen leicht und lecker schmeckenden Rezepte. Dabei wünschen wir Ihnen viel Spaß und Erfolg!

LEGENDENERKLÄRUNG

Ballaststoffe   Fett   Kalorien   Eiweiß   Kohlenhydrate   Vegetarisch   Vegan

INHALTSVERZEICHNIS

IHR **START**

IHRE **REZEPTE**

IHRE **REZEPTE**

IHRE **EXTRAS**

1.
RICHTIG TRINKEN

2.
NATÜRLICH & FRISCH

Trinken Sie 2 bis 3 Liter Wasser am Tag. Sie reinigen damit ihren Körper, versorgen ihn besser mit Nährstoffen und kurbeln ihren Stoffwechsel an. Alkohol ist dagegen ein Gift. Er muss abgebaut werden und blockiert andere Stoffwechselprozesse wie zum Beispiel die Fettverbrennung. Darüber hinaus liefert 1 Gramm Alkohol 7 Kalorien und somit fast doppelt soviel wie 1 Gramm Zucker.

Wählen Sie bevorzugt natürliche Lebensmittel und meiden stark verarbeitete Produkte. Je intensiver ein Nahrungsmittel verarbeitet ist, desto mehr Nähr- und Ballaststoffe werden zerstört. Beides ist aber für eine gute und lang anhaltende Sättigung wichtig. Verzichten Sie ebenfalls auf Zusätze wie Farb- und Konservierungsstoffe, Aromen und Geschmacksverstärker.

3.
OBST & GEMÜSE

Ob roh, gekocht oder als Smoothie. Auf ihrem Speiseplan sollte alles landen, was ihnen in der Gemüseabteilung ins Auge springt und gerade Saison hat. Vorzugsweise Bio. Alternativ dürfen Sie auch mal zur TK-Ware greifen.

4.
DIE RICHTIGEN KOHLENHYDRATE

Eine Reduzierung der Kohlenhydrate wie bei der Low-Carb Ernährung fällt weg. Sie können also nach Lust und Laune Kohlenhydrate schlemmen. Allerdings nur die vollwertigen. Das macht zufrieden und sättigt lang anhaltend. Auf Weißmehlprodukte, Zucker und Süßstoffe sollten Sie hingegen verzichten.

5.
DIE RICHTIGEN FETTE

6.
KRÄUTER & GEWÜRZE

Reduzieren Sie insgesamt ihre Fettzufuhr und vermeiden Transfette. Bevorzugen Sie pflanzliche gegenüber tierischen Fetten. Also hochwertige Öle, Nüsse, Samen und Saaten sowie als Ausnahme die fettreichen Seefische wie Lachs, Thunfisch oder Hering. Dafür essen Sie etwas weniger Butter, Wurst, Käse und fettreiches Fleisch.

Viele Menschen essen mehr Salz als nötig. Das führ zu Wassereinlagerungen, was sich schnell auf der Waage bemerkbar macht. Tauschen Sie daher etwas Salz zugunsten hochwertiger Kräuter und anderer Gewürze aus. Vor allem die klassischen Salzbomben wie Wurst, Käse und Fertigprodukte sollten Sie reduzieren.

DAS VITALFASTEN

Bevor Sie mit ihrem Ernährungsplan starten, empfehlen wir ihnen zu Beginn drei Vitalfastentage. Damit kommen Sie direkt am Anfang in den Genuss vieler Vorteile. So nehmen die meisten Teilnehmer innerhalb dieser Tage schon ein, zwei oder sogar drei Pfund ab. Aber es gibt noch viele weitere Vorteile, warum Sie mit dieser Einstiegsphase beginnen sollten.

DAS VITALFASTEN - IHR TURBO FÜR DEN STOFFWECHSEL

Nur mit der richtigen Menge an Vitalstoffen läuft Ihr Stoffwechsel wieder auf Hochtouren. Dafür empfehlen wir Ihnen, anstatt der aktuell durchschnittlichen 350 Gramm Obst und Gemüse, zukünftig 600 bis 800 Gramm am Tag zu essen. Denn fast alle Menschen in Deutschland leiden an einem Mangel bestimmter Vitalstoffe, obwohl wir im Überfluss leben. Das liegt nicht nur daran, dass wir zu wenig Obst und Gemüse essen. Unsere Böden sind ausgelaugt, die Lebensmittel werden zu lange gelagert, zu stark verarbeitet und erhitzt, bis sie vitalstoffarm sind.

Fast niemand erhält heute die Menge an Mikronährstoffen aus der Nahrung, die der Steinzeitmensch aus frischen, nicht gelagerten, nicht raffinierten und nicht gekochten Lebensmitteln zu sich nahm. Im Vergleich zum Steinzeitmenschen nehmen wir mit 2.000 Kalorien nur noch ein Drittel der Vitamine zu uns. Deswegen bekommen Sie an den Vitaltagen reichlich Obst und Gemüse. Die eine Hälfte roh und die andere Hälfte gegart oder in Suppen zubereitet. Bringen Sie also mit dem Vitalfasten ihren Stoffwechsel wieder auf Touren.

MIT DEM VITALFASTEN AUF FETTVERBRENNUNG UMSCHALTEN

Mit dem Vitalfasten aktivieren Sie nicht nur ihren Stoffwechsel, ihr Körper wird auch auf Fettverbrennung umgestellt. Durch die Reduzierung der Kohlenhydrate stoppen Sie das ständige Auf und Ab des Blutzuckerspiegels und aktivieren ihre Fettverbrennung. Das ist das Ziel. Deswegen empfehlen wir ihnen das Vitalfasten in jedem Fall. Denn Sie haben tolle Einstiegserfolge, die motivieren weiter zu machen. Sie werden aber noch mehr erleben. Durch die begradigte Blutzuckerkurve werden Sie sich den ganzen Tag über viel aktiver fühlen und das klassische Nachmittags-Tief bleibt aus. Ihr Körper wird nicht mehr so belastet und wahrscheinlich schlafen Sie auch besser. Auf jeden Fall wird in diesen Tagen ihr Wohlbefinden steigen, da ihr Körper Vitalstoffe satt bekommt.

Nehmen Sie sich für das Vitalfasten Zeit und planen dieses. Das fängt schon beim Einkaufen an. Kaufen Sie nur die benötigten Lebensmittel und brauchen die alten auf oder verschenken sie. Erstellen Sie sich aus den Rezepten eine Einkaufsliste und kaufen auch nur diese Lebensmittel ein. Bereiten Sie gleich mehrere Portionen zu, sodass Sie die Rezepte auch öfter essen können.

Es ist wichtig, dass Sie die 3 Vitaltage konsequent durchziehen. Das ist sowohl für ihren Stoffwechselturbo und die Fettverbrennung von Bedeutung.

Wenn Sie gerne Kohlenhydrate essen und ihnen der Verzicht schwer fällt, dann starten Sie nach diesen 3 Tagen mit ihrem persönlichen Ernährungsplan. Wenn ihnen das Vitalfasten gut tut, dann hängen Sie noch ein paar Tage dran. Aber übertreiben Sie es nicht. Spätestens nach 7 Tagen sollte Schluss sein. Wiederholen Sie dann lieber zu einem späteren Zeitpunkt das Vitalfasten. Diese Tage eigenen sich auch sehr gut als Ausgleichstage nach Festen wie Weihnachten, Ostern oder nach Urlauben. So werden Sie ganz schnell die Pfunde, die sich über diese Zeit angesammelt haben, wieder los.

Suchen Sie sich aus den Rezepten für das Vitalfasten ihre Mahlzeiten für das Frühstück, Mittag- und Abendessen aus und essen sich an diesen drei Mahlzeiten satt. Wenn eine Portion nicht ausreicht, nehmen Sie noch einen Nachschlag. Wichtig ist, dass Sie bis zur nächsten Mahlzeit (nach ca. 4-5 Stunden) nicht lange Hungern. Essen Sie auch nichts zwischendurch, da dies ihre Fettverbrennung blockiert.

Je nachdem, wie Sie sich vorher ernährt haben, kann diese Einstiegsphase eine Umstellung für ihren Stoffwechsel bedeuten. Es könnte öfter mal im Magen rumoren oder zu Blähungen kommen. Lassen Sie sich dadurch nicht beirren, sondern trinken einen Fencheltee. Das hilft und beruhigt den Magen. Auch kann es die ersten Tage sein, dass Sie öfter Wasser lassen müssen. Das ist ebenfalls normal, da Sie sich mit dieser pflanzlichen Kost sehr mineralstoffreich ernähren und entwässern. Ebenso kann der Stuhlgang für ein paar Tage ausbleiben, was auch kein Grund zur Besorgnis ist. In diesen Tagen produziert ihr Körper einfach nicht so viel Stoffwechselmüll, der entsorgt werden muss.

IHRE **REZEPTE**

Zünden Sie ihre Fettverbrennung und ihren Stoffwechsel mit dem Vitalfasten und essen sich nach Lust und Laune an diesen vitalen Rezepten satt. Es lohnt sich in jedem Fall!

305 kcal   25 %   56 %   19 %   3 g

Würziger Radieschenquark

Zubereitung

1. Die Radieschen klein würfeln.

2. Die Schalotte abziehen und ebenfalls klein würfeln.

3. Den Hüttenkäse in eine Schüssel geben, die Radieschen- und Schalottenwürfel mit den Kräutern und dem Olivenöl hinzufügen und nach Bedarf mit Salz, Pfeffer und Chili abschmecken.

4. Abschließend alle Zutaten gründlich verrühren und ggf. nachwürzen.

Zutaten

300 g Hüttenkäse, fettarm
1 TL Olivenöl, nativ
10 Radieschen
1 Schalotte
1 EL Schnittlauch
1 EL Kräuter nach Wahl

Gewürze

Salz
Pfeffer
Chili

Aufgrund seines geringen Anteils an Kohlenhydraten...
...und seiner wertvollen Inhaltsstoffe ist Hüttenkäse beliebt bei Menschen, die abnehmen und sich gesund ernähren wollen.

323 kcal   41 %   17 %   42 %   7 g

Sahnejoghurt mit Aprikosen

Zubereitung

1. Den Joghurt mit der Sahne, den Leinsamen und dem Orangensaft in eine Schale geben, nach Geschmack mit Zimt würzen und gut verrühren.

2. Die Aprikosen entkernen, in Stücke schneiden und zum Joghurt geben.

3. Den Joghurt mit einem Minzblatt garnieren und servieren.

Zutaten

250 g Joghurt, 3,5 % Fett
1 EL Sahne, 30 % Fett
4 Aprikosen
1 EL Leinsamen, geschrotet
2 EL Orangensaft

Gewürze

Zimt

Aprikosen sind reich an Beta-Carotin, dem Provitamin A.
Die getrockneten Aprikosen haben dabei einen besonders hohen Ballaststoffgehalt. Aufgrund des höheren Kaloriengehaltes sollten sie aber nur sparsam eingesetzt werden.

301 kcal   46 %   28 %   26 %   6 g

Cremiger Bananenjoghurt mit Himbeeren

Zubereitung

1. Die Himbeeren abwaschen und abtropfen lassen.

2. Die Banane schälen und zusammen mit der Hälfte der Himbeeren in den Mixer geben und auf hoher Stufe fein pürieren.

3. Den Joghurt, Quark, die saure Sahne und Leinsamen hinzufügen, nach Geschmack mit Zimt würzen und auf niedriger Stufe gut verrühren.

4. Den Joghurt mit den restlichen Himbeeren garnieren und genießen.

Zutaten

1 Banane
100 g Himbeeren
50 g Joghurt, 3,5 % Fett
100 g Magerquark
50 g saure Sahne, 10 % Fett
1 TL Leinsamen, geschrotet

Gewürze

Zimt

Die Himbeere hat einen positiven Einfluss auf frauenspezifische...
...Beschwerden. Sie hilft aufgrund ihrer Inhaltsstoffe z. B. bei der Regulierung des weiblichen Zyklus und bei der Geburt.

347 kcal 51 % 20 % 29 % 19 g

Kichererbsensalat mit getrockneten Tomaten

Zubereitung

1. Die Kichererbsen in einem Sieb abspülen und abtropfen lassen.

2. Die getrockneten Tomaten in kleine Stücke schneiden. Die Tomaten ebenfalls.

3. Die Schalotte schälen und in Würfel schneiden.

4. Den Knoblauch abziehen und auspressen. Zusammen mit dem Zitronensaft, Olivenöl, Ajvar und der Gemüsebrühe in einer Schale verrühren und nach Geschmack mit Salz, Pfeffer und Chili würzen.

5. Die Kichererbsen, Tomaten und Schalottenwürfel in eine Schüssel geben, das Dressing hinzufügen und unterrühren.

6. Den Salat anrichten und mit Petersilie garniert servieren.

Zutaten

200 g Kichererbsen, Dose
20 g getrocknete Tomaten
1 Schalotte
1 TL Zitronensaft
2 Tomaten
1 TL Ajvar
1 TL Olivenöl
2 EL Gemüsebrühe
0,5 Knoblauchzehe
1 EL Petersilie, gehackt

Gewürze

Salz
Pfeffer
Chili

Der Name der Kichererbse hatte nichts Witziges an sich.
Das „Kicher" stammt vom lateinischen cicer ab, was übersetzt einfach Erbse bedeutet. Streng genommen heißt sie übersetzt also Erbsenerbse.

305 kcal 62 % 18 % 20 % 6 g

Bohnensuppe mit Möhren und Porree

Zubereitung

1. Die Zwiebel und Knoblauchzehe schälen und in kleine Würfel schneiden.

2. Die Möhren schälen und in Stifte schneiden.

3. Den Porree in Ringe schneiden.

4. Die Chilischote längs halbieren, entkernen und in Ringe schneiden.

5. Die Paprika entkernen, waschen und in mundgerechte Stücke schneiden.

6. Die Bohnen in einem Sieb mit Wasser abspülen und abtropfen lassen.

7. Das Öl in einer großen Pfanne erhitzen und die Porreeringe mit den Zwiebel- und Knoblauch- würfeln und Chiliringen 1 Minute anbraten. Dann die Paprikastücke und Möhrenstifte dazu geben und 3 Minuten weiterbraten. Dabei regelmäßig umrühren.

8. Die Bohnen und Gemüsebrühe hinzufügen, alles kurz aufkochen und dann noch 10 Minuten köcheln lassen.

9. Nach Geschmack mit Salz, Pfeffer, Koriander und Chilipulver würzen und mit dem frisch geschnittenen Schnittlauch garniert servieren.

Zutaten

450 ml Gemüsebrühe
150 g Bohnen, gemischt
50 g Porree
0,5 Zwiebel
2 Möhren
1 Paprika, rot
0,5 Knoblauchzehe
1 TL Rapsöl
0,5 grüne Chili, mild

Gewürze

Salz
Pfeffer
Koriander
Chilipulver
Schnittlauch

357 kcal   47 %   23 %   30 %   15 g

Grüner Gemüseteller mit Erbsen, Brokkoli und Zucchini

Zubereitung

1. Die Schalotte schälen und fein würfeln.

2. Die Zucchini in Scheiben schneiden.

3. Das TK-Gemüse in kochendem Salzwasser nach Packungsangaben zubereiten.

4. Das Öl in einer Pfanne erhitzen und die Schalottenwürfel 1 Minute anbraten.

5. Dann die Zucchinischeiben hinzufügen und 3 Minuten weiterbraten.

6. Zum Schluss alles mit der Gemüsebrühe und dem Balsamico ablöschen, das fertige TK-Gemüse in die Pfanne geben und nach Geschmack mit Salz, Pfeffer, Thymian und frischem Basilikum abschmecken.

Zutaten

200 g Erbsen, TK
100 g Brokkoli, TK
100 g Zucchini
0,5 Schalotte
1 EL Olivenöl
1 EL Balsamico, hell
50 ml Gemüsebrühe

Gewürze

Salz
Pfeffer
Thymian, getrocknet
Basilikum, frisch

Basilikum zur Linderung von Halserkrankungen und Erkältungen.
Auch bei Stress und Fieber kann es als Tee wirksam sein. Es wirkt sogar blutdrucksenkend und entzündungshemmend.

326 kcal   50 %   9 %   41 %   19 g

Möhrensuppe

Zubereitung

1. Die Möhren schälen und in 1 cm dicke Stücke schneiden.

2. Die Knoblauchzehe und Zwiebel abziehen und fein würfeln.

3. Das Öl in einem beschichteten Topf erhitzen und die Ingwer-, Zwiebel- und Knoblauchwürfel 1 Minute anbraten.

4. Die Möhrenstücke dazugeben und 2 Minuten weiterbraten. Dann mit der Gemüsebrühe und dem Orangensaft ablöschen und die Suppe 8 Minuten bei mittlerer Hitze köcheln lassen.

5. Die Suppe nach Geschmack mit Salz, Pfeffer und Currypulver würzen und mit einem Stabmixer pürieren. Anschließend die saure Sahne einrühren. Die Suppe mit frischem Schnittlauch garniert servieren.

Zutaten

500 g Möhren
500 ml Gemüsebrühe
0,5 Zwiebel
0,5 Knoblauchzehe
2 TL Öl
50 g saure Sahne, 10 % Fett
1 TL Ingwer, gehackt
2 EL Orangensaft

Gewürze

Salz
Pfeffer
1 TL Currypulver
Schnittlauch, frisch

Wenn an den Möhren noch Grünzeug ist, sollte dieses...
...vor dem Lagern abgeschnitten werden, da die Möhren sonst weich werden.

357 kcal   47 %   23 %   31 %   15 g

Cremige Blumenkohlsuppe mit Pastinaken und Schnittlauch

Zubereitung

1. Den Blumenkohl in kleine Röschen teilen und waschen.

2. Die Zwiebel abziehen und klein würfeln.

3. Die Pastinaken schälen, waschen und grob raspeln.

4. Das Öl in einem Topf erhitzen und die Zwiebelwürfel mit den Pastinakenraspeln 2 Minuten andünsten. Dann mit der Gemüsebrühe auffüllen, die Blumenkohlröschen und Milch hinzufügen und alles ca. 10 Minuten bei niedriger Temperatur köcheln lassen. Anschließend pürieren.

5. Die Suppe mit Salz, Pfeffer und Zitronensaft nach Geschmack würzen und mit den Schnittlauchringen garniert servieren.

Zutaten

450 ml Gemüsebrühe
250 g Blumenkohl
100 ml Milch, 1,5 % Fett
2 Pastinaken
0,5 Zwiebel
1 TL Öl

Gewürze

Salz
Pfeffer
Zitronensaft
Schnittlauch

Pastinaken haben eine gute sättigende Wirkung durch die...
...vielen Ballaststoffe. Ihre ätherischen Öle wirken sogar antibakteriell. Zudem enthalten sie Vitamin C und D, sowie Mineralstoffe wie Kalium und Phosphor.

Sollten Sie mit den Rezepten nicht satt werden, dann essen Sie einfach etwas mehr von diesen Mahlzeiten. Das ist besser, als zwischendurch etwas ungesundes und hochkalorisches zu Essen. Denn das Prinzip der drei Mahlzeiten, ohne ständiges „zwischendurch Essen", ist wichtig für ihren Erfolg. Wenn Sie satt sind bevor Sie aufgegessen haben, dann heben Sie den Rest einfach für später auf. Wichtig ist, dass Sie nach den Mahlzeiten ein gutes Sättigungsgefühl haben.

Sie müssen die Rezepte in diesem Ernährungsplan nicht in der angegebenen Reihenfolge kochen. Morgens sollten Sie mit einem guten Frühstück starten und nach 4 bis 5 Stunden die nächste Mahlzeit einnehmen. Bei den vorgeschlagenen Rezepten können Sie einzelne Lebensmittel austauschen. Bekommen Sie z. B. saisonale Obst- und Gemüsesorten nicht, dann tauschen Sie diese aus oder nehmen Tiefkühlkost. Aber bitte nicht mit Extra-Zucker oder Butter! Lesen Sie sich die Inhaltsangaben auf den Verpackungen gut durch.

Die Rezepte für morgens, mittags und abends können Sie ebenfalls untereinander tauschen. Um Zeit zu sparen, können Sie gleich mehrere Portionen zubereiten und diese mitnehmen oder für später einfrieren. Nach dem Auswählen der Rezepte erstellen Sie sich wie beim Vitalfasten eine persönliche Einkaufsliste für die Woche oder die nächsten Tage und kaufen auch nur das ein. Andere oder angebrochene Lebensmittel, die nicht auf ihrem Speiseplan stehen, sollten Sie vorher aufbrauchen oder verschenken.

EMPFEHLUNGEN FÜR IHRE FLÜSSIGKEITSZUFUHR

Täglich sollten Sie zwei bis drei Liter kalorienarme Flüssigkeit trinken. Das ist wichtig für ihren Abnehmerfolg und ihre Gesundheit. Ihre Nieren werden gut gespült, die Fließfähigkeit des Blutes verbessert sich, Sie sind konzentrierter, beugen Verstopfungen vor und ihre Haut bleibt straff und elastisch.

Pro Liter Wasser, den Sie trinken, verbraucht ihr Stoffwechsel bis zu 100 Kalorien! Bei drei Litern am Tag haben Sie also schon bis zu 300 Kalorien verbrannt. Um diese gleiche Menge beim Sport zu verbrennen, müssten Sie ca. 30 Minuten Joggen. Trinken Sie sich also schlank. Trinken Sie immer wenn Sie Hunger haben und vor allem vor dem Essen und ihrer Sporteinheit. Flüssigkeit füllt den Magen und Sie fühlen sich schneller satt. Besonders geeignet dazu ist Wasser mit Kohlensäure, da die Gase die Dehnungsrezeptoren im Magen-Darm-Trakt besser anregen. Diesen Trick können Sie auch nutzen, wenn Süß- oder Heißhunger aufkommt. Wasser oder ungesüßter Kaffee sowie Tee verdrängen den Heißhunger. Trinken Sie also möglichst jede Stunde ein Glas Wasser und fangen gleich nach dem Aufwachen damit an.

Wer morgens wenig Zeit oder Appetit hat, sollte sich bereits einen Abend zuvor vorbereiten: Müslis, Joghurts, Shakes und viele weitere Rezepte benötigen wenig Aufwand und lassen sich ideal im Kühlschrank lagern, mitnehmen oder unterwegs verzehren.

Fangen Sie auch schon morgens an zu trinken. Wasser, Kräuter- oder Früchtetees eignen sich hierfür ideal. Ein bis zwei Tassen Kaffee sind als Wachmacher in Ordnung, doch sollten die Getränke nicht gesüßt werden. Die beliebten Fruchtsäfte, darunter auch der Orangensaft, enthalten von Natur aus viel Zucker und sollten daher gemieden werden.

Die meisten Mittagsrezepte sind zum Mitnehmen geeignet. Viele Büros bieten eine Mikrowelle und einen Kühlschrank. Vorgekochte Mahlzeiten können so kühl gelagert und aufgewärmt werden.

Suppen sind einfach und schnell zubereitet. Sie eignen sich sehr gut zum Vorkochen und können dann portionsweise eingefroren werden. Zum Mitnehmen füllt man heiße Suppen in eine Thermoskanne und kann sie warm genießen.
Salat-Rezepte sind ebenfalls ideale Begleiter für die Arbeit, die Schule oder unterwegs. Wenn es sich um einen grünen Salat handelt, dann einfach das Dressing und den Salat separat transportieren und kurz vor dem Servieren miteinander vermengen. So bleibt der Salat frisch. Couscous-, Kartoffel- oder Nudelsalate schmecken sogar besser, wenn man sie etwas durchziehen lässt.
Wer es gerne süß zum Mittag mag, kann Joghurt, Quark und Obst mitnehmen. Das Müsli oder die Haferflocken dabei separat aufbewahren. So bleibt es knusprig und frisch.

Idealerweise sollten Sie das Abendessen mindestens zwei oder drei Stunden vor dem Schlafen gehen zu sich nehmen. So geben Sie ihrem Körper noch ausreichend Gelegenheit zur Verdauung, schlafen besser und blockieren nicht ihre Fettverbrennung.
Aufgepasst beim Alkohol am Abend. Dieser hemmt die Fettverbrennung. Die Leber kümmert sich erst einmal um den Abbau des Alkohols und schützt uns so vor einer Alkoholvergiftung. Hinzu kommt der hohe Kaloriengehalt mit 7,1 kcal/g und der zusätzliche Appetit, der uns nach ein oder zwei Gläschen einholt. Aus diesem Grund sollte Alkohol in der Abnehmphase gar nicht oder maximal 1 mal die Woche genossen werden. Wer gerne vor dem Fernseher Salzstangen und Chips knabbert, kann diese z. B. durch Gemüsesticks mit Quarkdipp ersetzen. Eine gesunde Alternative, um Kalorien zu sparen und Transfette zu meiden.

Ihr neues

FRÜHSTÜCK

IHRE **REZEPTE**

Wer jeden Morgen frühstückt, wiegt im Durchschnitt weniger. Starten Sie daher schon morgens mit genügend Vitalstoffen in den Tag oder nehmen Sie sich ein tolles Frühstück mit. **Guten Appetit!**

Brot mit Senfcreme, Geflügelwurst und Apfel

Zubereitung

1. Die Gurke in Scheiben schneiden und nach Geschmack mit Salz und Pfeffer würzen.

2. Den Frischkäse mit dem Senf vermengen und mit Salz und Pfeffer abschmecken.

3. Das Brot nach Belieben etwas anrösten oder toasten.

4. Die Brotscheiben mit der Frischkäse-Creme bestreichen und mit der Wurst, dem Käse und den Zwiebel- und Apfelscheiben belegen.

5. Das Ganze mit etwas Feldsalat und frischem Pfeffer garnieren und mit den Gurkenscheiben servieren.

Zutaten

100 g Brot, Vollkorn
30 g Frischkäse, 5 % Fett
1 TL Senf, körnig
50 g Geflügelwurst, fettarm
30 g Tilsiter, light
3 Apfelscheiben
3 Zwiebelscheiben
150 g Gurke

Garnitur & Gewürze

Salz
Pfeffer
Feldsalat

Senf beugt Sodbrennen vor und hilft bei Blähungen.
Außerdem wirkt er regulierend auf den Blutdruck und ist entzündungshemmend sowie verdauungsfördernd.

Gurken-Radieschenbrot mit Hüttenkäse

Zubereitung

1. Die Schalotte abziehen und klein würfeln.

2. Den Hüttenkäse, die Dillspitzen und Schalottenwürfel verrühren und nach Geschmack mit Salz, Pfeffer und Zitronensaft würzen.

3. Die Gurke und Radieschen waschen und in Scheiben schneiden.

4. Das Brot mit etwas Hüttenkäse bestreichen und mit den Gurken- und Radieschenscheiben belegen.

5. Mit Dill garnieren und mit dem restlichen Hüttenkäse als Dip servieren.

Zutaten

200 g Hüttenkäse, 2,4 % Fett
80 g Vollkornbrot
8 Radieschen
0,25 Gurke
1 EL Dillspitzen
0,5 Schalotte

Gewürze

Salz
Pfeffer
Zitronensaft

Gurken sind kalorienarm und erfrischend. Mit gerade einmal...
...12 Kalorien auf 100 Gramm gehört die Gurke zu den figurfreundlichsten Gemüsesorten.

Bagel mit Lachs und Meerrettich

Zubereitung

1. Den Frischkäse mit dem Sahnemeerrettich in einem Schälchen verrühren.

2. Den Bagel halbieren und beide Hälften mit der Creme bestreichen.

3. Die Tomaten, vierteln und nach Geschmack mit Salz und Pfeffer würzen. Den Feldsalat waschen.

4. Abschließend die Hälften mit dem Lachs belegen, mit Feldsalat sowie Dill garnieren, zusammenklappen und mit den Tomatenvierteln servieren.

Zutaten

90 g Bagel, Mehrkorn
60 g Lachsaufschnitt
10 g Sahnemeerrettich, mild
30 g Frischkäse, 5 % Fett
2 Tomaten

Garnitur & Gewürze

Salz
Pfeffer
Feldsalat
Dill

Wegen der antibiotischen Eigenschaften von Meerrettich...
...wird er in der traditionellen Medizin seit vielen Jahren zur Behandlung von Bronchitis, Sinusitis, Husten und Erkältung eingesetzt.

Vollkornbaguette mit Tomaten und Feta

Zubereitung

1. Den Rucola waschen, trocknen und die langen Stiele abschneiden.

2. Die Tomaten waschen, eine halbe Tomate in Scheiben schneiden, den Rest vierteln und nach Geschmack mit Salz und Pfeffer würzen. Den Feta zerbröseln.

3. Das Baguette aufschneiden und die Hälften mit dem Rucola und den Tomatenscheiben belegen. Den Feta auf den Tomatenscheiben verteilen, mit dem Balsamico beträufeln und nach Geschmack mit Salz und Pfeffer würzen.

4. Das fertige Baguette mit den restlichen Tomatenvierteln als Beilage servieren.

Zutaten

100 g Vollkornbaguette
70 g Feta, 8,5 % Fett
3 Tomaten
1 EL Balsamico, hell
20 g Rucola

Gewürze

Salz
Pfeffer

Ist die Tomate Gemüse oder Obst? Weder noch! Die Tomate...
...ist nämlich ein Mix aus beidem und somit ein sogenanntes Fruchtgemüse.

Körnerbrot mit rohem Schinken und Tomate

Zubereitung

1. Eine halbe Tomate in Scheiben schneiden, den Rest in Viertel und nach Geschmack mit Salz und Pfeffer würzen.

2. Die Brotscheiben mit dem Frischkäse bestreichen.

3. Dann das Brot mit dem Salat, Schinken und den Tomatenscheiben belegen und mit den restlichen Tomatenvierteln servieren.

Zutaten

100 g Körnerbrot
80 g Hinterkochschinken
40 g Frischkäse, 5 % Fett
2 Tomaten

Garnitur & Gewürze

Salz
Pfeffer
Salatblätter nach Wahl

Die in Supermärkten meist verkaufte Tomatensorte...
...nennt sich Moneymaker und macht ihrem Namen alle Ehre.

494 kca   61 %   29 %   10 %   14 g   Frühstück   39

Rührei mit Tomaten

Zubereitung

1. Die Schalotte abziehen und in Scheiben schneiden.

2. Die Tomaten entkernen und in kleine Würfel schneiden.

3. Die Eier mit dem Eiklar, der Milch und sauren Sahne verquirlen und nach Geschmack mit Salz, Pfeffer und Muskat würzen.

4. Das Öl in einer Pfanne erhitzen und die Schalottenscheiben 1 Minute anbraten. Dann die Tomatenstücke und die Eimasse bei mittlerer Hitze in die Pfanne geben und ca. 5 Minuten stocken lassen, dabei gelegentlich umrühren.

5. Das fertige Rührei mit Basilikumblättern garnieren.

Zutaten

2 Eier
1 EL Milch, 1,5 % Fett
2 EL saure Sahne, 10 % Fett
1 Schalotte
3 Eiklar
3 Tomaten
1 TL Rapsöl

Gewürze

Salz
Pfeffer
Muskat
Basilikumblätter, frisch

Eierschalen, die beim Aufbrechen in das Gefäß...
...gefallen sind, greift man besser mit feuchten Fingern.

 406 kcal 15 % 33 % 52 % 4 g

Rührei mit Paprika und Tomaten

Zubereitung

1. Die Tomate in Scheiben schneiden.

2. Die Frühlingszwiebel in feine Ringe schneiden. Die Paprika entkernen und in kleine Würfel schneiden.

3. In einem Schälchen die Eier mit den Eiklar verquirlen und nach Belieben mit Salz und Pfeffer würzen.

4. Eine beschichtete Pfanne mit Öl einsprühen, erhitzen und die Zwiebelringe zusammen mit den Paprikastücken 2 Minuten anbraten.

5. Die Eiermasse darüber gießen und unter gelegentlichem Rühren 4-5 Minuten stocken lassen.

6. Das Toastbrot toasten.

7. Das fertige Rührei mit den Tomaten anrichten und mit dem Toastbrot servieren.

Zutaten

2 Eier
2 Eiklar
1 Tomate
0,5 Paprika, rot
0,5 Paprika, grün
1 Frühlingszwiebel
70 g Vollkorntoast

Gewürze

Salz
Pfeffer

Mango-Nussquark

Zubereitung

1. Die Mango schälen und das Fruchtfleisch in Stücke schneiden.

2. Eine paar Mangostücke für das Topping beiseitelegen. Die restlichen Mangostücke mit dem Orangensaft in einen Mixer geben und auf höchster Stufe pürieren.

3. Bis auf das Erdnussmus die restlichen Zutaten dazu geben und noch einmal gut durchmixen.

4. Den fertigen Quark in ein Glas geben, das Erdnussmus darüber verteilen, mit ein paar Mangostücken garnieren und sofort genießen.

Zutaten

250 g Magerquark
2 EL Orangensaft
150 g Mango
1 TL Honig
1 EL Mandeln, gehackt
1 TL Erdnussmus

Ursprünglich stammt die Mango aus Indien, wo man auf eine...
...lange Geschichte des Mango-Anbaus zurückblickt. Bis heute ist Indien das Hauptexportland der Steinfrüchte.

Apfeljoghurt
mit Gojibeeren

Zubereitung

1. Die Milch mit den Haferflocken in einer Schale verrühren.

2. Den Apfel vierteln, entkernen und klein würfeln.

3. Den Joghurt, Ahornsirup und die Apfelwürfel ebenfalls in die Schale geben, nach Geschmack mit Zimt würzen und gut umrühren.

4. Den Joghurt mit den Gojibeeren und Rosinen garnieren.

Zutaten

1 Apfel
150 g Naturjoghurt, 1,5 % Fett
70 ml Milch, 1,5 % Fett
60 g Haferflocken
1 TL Ahornsirup
1 EL Gojibeeren, getrocknet
1 TL Rosinen

Gewürze

Zimt

Die in Äpfeln enthaltenen Ballaststoffe sättigen nachhaltig und...
...wirken sich positiv auf den Blutzuckerspiegel aus. Heißhungerattacken bleiben damit aus.

Milchreis mit Erdbeeren, Mandeln und Schokoraspeln

Zubereitung

1. Die Erdbeeren waschen entstielen und in Stücke schneiden.

2. Die Milch erhitzen, den Milchreis hinzufügen und ca. 20 Minuten bei niedriger Temperatur garen.

3. Zum Schluss den Ahornsirup, Orangensaft und Zimt nach Geschmack hinzufügen und gut verrühren.

4. Den Milchreis anrichten, die Erdbeerstücke unterheben und mit den Schokoraspeln garniert servieren.

Zutaten

350 ml Mandelmilch, ungesüßt
70 g Milchreis
1 EL Mandeln, gehackt
2 EL Orangensaft
200 g Erdbeeren
1 TL Zartbitter Schokoraspeln
1 TL Ahornsirup

Gewürze

Zimt

Mandeln sind sehr reich an Vitamin E. Bereits eine kleine...
...Handvoll - ca. 30 g - liefert mehr als die Hälfte des täglichen Bedarfs an Vitamin E.

Grießbrei mit Beeren und Mandeln

Zubereitung

1. Die Milch kurz aufkochen und den Grieß mit einem TL Ahornsirup und dem Zimt ca. 10 Minuten bei niedriger Temperatur ziehen lassen.

2. Die Hälfte der Beeren mit dem restlichen Ahornsirup und 2 EL Orangensaft in den Mixer geben und fein pürieren.

3. Die Erdbeeren klein schneiden.

4. Den fertigen Grießbrei in eine Schüssel geben, mit den restlichen Beeren sowie Mandeln belegen und mit der Beerensoße garniert servieren.

Zutaten

50 g Dinkelgrieß
250 ml Milch, 1,5 % Fett
100 g Erdbeeren
2 EL Orangensaft
2 TL Ahornsirup
1 TL Mandeln, gehackt
100 g Blaubeeren

Gewürze & Garnitur

Zimt

Wer einen sehr empfindlichen Magen und Darm hat, verträgt...
...Grieß grundsätzlich besser als Getreide in anderer Form. Das liegt daran, dass die feinen Körnchen viel leichter verdaulich sind als ganze Körner.

Hirsebrei mit Apfel

Zubereitung

1. Die Milch aufkochen, die Hirseflocken einrühren und 2 Minuten köcheln. Anschließend abkühlen lassen.

2. Den Apfel halbieren und entkernen. Von einer Hälfte 4 schmale Spalten abschneiden und zum Garnieren beiseitelegen.

3. Das restliche Fruchtfleisch klein würfeln und mit dem Ahornsirup unter den Brei mischen.

4. Den Brei mit den Apfelspalten garnieren, mit dem Zimt bestäuben und servieren.

Zutaten

5 EL Hirseflocken
250 ml Milch, 1,5 % Fett
1 Apfel
1 TL Zimt
1 TL Ahornsirup

Hirse ist reich an Silizium, welches gute für Haut, Haare und...
...Nägel ist. Zudem strafft es das Bindegewebe und beugt so Cellulite vor.

Milchreis mit Banane, Feige und Chiasamen

Zubereitung

1. Die Dattel klein schneiden.

2. Den Milchreis mit der Milch in einen Topf geben, kurz aufkochen und dann noch ca. 25 Minuten bei niedrige Temperatur köcheln lassen und zwischendurch umrühren.

3. Die Dattelstücke, Chiasamen, den Ahornsirup und Zimt sowie Orangenabrieb nach Geschmack hinzufügen.

4. In der Zwischenzeit die Banane schälen und klein schneiden. Die Feige ebenfalls in Scheiben schneiden.

5. Den fertigen Milchreis in eine Schüssel geben, mit den Feigenstücken und Bananenscheiben belegen, dem Orangensaft begießen und einem Minzblatt garniert servieren.

Zutaten

75 g Milchreis
250 ml Mandelmilch
2 EL Orangensaft
1 Dattel
1 Banane
1 Feige
1 TL Chiasamen
1 TL Ahornsirup

Gewürze

Zimt
Minzblättchen
Orangenabrieb

Feigen liefern reichlich muskelstärkendes Magnesium und...
...sind daher ideal für Sportler. Sie sind ebenfalls reich an verdauungsfördernden Enzymen und Ballaststoffen, weswegen sie bei Verstopfungen helfen.

Müsli mit Pfirsich, Beeren und Joghurt

Zubereitung

1. Den Pfirsich entkernen und in kleine Stücke schneiden.

2. Die Beeren zusammen mit den Pfirsichstücken, Getreideflocken und Leinsamen in eine Schale geben, die Milch hinzufügen und das Müsli mit dem Joghurt bedecken und servieren.

Zutaten

1 Pfirsich
1 EL Leinsamen
2 EL Dinkelflocken
2 EL Haferflocken
100 g Beeren
150 g Joghurt, 3,5 % Fett
200 ml Milch, 3,5 % Fett

Gewürze

Zimt
Vanille

Pfirsiche sind gut für Gefäße, Herz, Kreislauf und Immunsystem. Sie wirken entwässernd und fördern die Verdauung. Sie enthalten viel Vitamin A, C, E, sehr viel Kalium und auch Kalzium, Eisen sowie Mangan.

Porridge mit Banane und Birne

Zubereitung

1. Die Banane schälen und in Stücke schneiden.

2. Die Haferflocken mit der Milch in einen Topf geben, kurz aufkochen und dann noch ca. 5 Minuten köcheln lassen. Dabei ab und zu umrühren.

3. Anschließend die Bananenstücke und den Zimt hinzufügen. Die Bananenstücke mit einer Gabel zerdrücken und den Brei 2 Minuten ziehen lassen.

4. Die Birne entstielen, entkernen und in kleine Stücke schneiden.

5. Den fertigen Haferflockenbrei in einem tiefen Teller anrichten und mit den Birnenstücken garniert servieren.

Zutaten

1 Banane
200 ml Milch, 3,5 % Fett
3 EL Haferflocken
1 Birne

Gewürze

0,5 TL Zimt

Die Birne hat einen hohen Wassergehalt von 83 % und...
...ist wegen ihrer wenigen Kalorien ideal für eine Diät geeignet.

471 kcal   69 %   11 %   20 %   12 g   Frühstück

Müsli mit Erdbeeren, Blaubeeren und Joghurt

Zubereitung

1. Die Erdbeeren halbieren und entstielen.

2. Die Milch mit dem Joghurt in eine Schale geben und gut verrühren.

3. Zum Schluss den Joghurt mit den Getreideflocken und Beeren bedecken und genießen.

Zutaten

100 g Erdbeeren
150 ml Milch, 3,5 % Fett
100 g Blaubeeren
4 EL Haferflocken
200 g Joghurt, 3,5 % Fett
2 EL Dinkelflocken

Die im Joghurt enthaltenen Probiotika sind gute...
...Bakterien, die unsere Verdauung anregen und unser Immunsystem stärken.

457 kcal 61 % 20 % 19 % 12 g

Porridge mit Apfel, Chiasamen und Walnüssen

Zubereitung

1. Den Apfel vierteln, entkernen und die Hälfte davon in Spalten schneiden. Die andere Hälfte in Stücke schneiden.

2. Die Haferflocken und Chiasamen mit der Milch und dem Zimt in einen Topf geben, kurz aufkochen und dann noch 5 Minuten köcheln lassen. Dabei ab und zu umrühren.

3. Nach 3 Minuten die Apfelstücke zusammen mit den Rosinen in den Haferflockenbrei geben und umrühren.

4. Den fertigen Haferflockenbrei anrichten, die Orange darüber auspressen und mit den Apfel-spalten und Walnüssen garnieren.

Zutaten

250 ml Milch, 1,5 % Fett
3 EL Haferflocken
1 Apfel
0,5 Orange
1 TL Chiasamen
10 g Walnüsse
1 TL Rosinen

Gewürze

0,5 TL Zimt

Walnüsse enthalten das Schlafhormon Melatonin.
Diesem wird eine antioxidative Wirkung nachgesagt und es soll Herz-Kreislauferkrankungen vorbeugen können.

474 kcal   58 %   14 %   28 %   10 g

Overnight Oats mit Pfirsich und Kokosraspeln

Zubereitung

1. Den Pfirsich entkernen und in mundgerechte Stücke schneiden.

2. Die Haferflocken in ein Glas oder eine hohe Schale geben und mit der Milch und dem Ahornsirup begießen.

3. Anschließend die Pfirsichstücke auf die Haferflocken geben, nach Belieben mit Zimt würzen und mit den Kokosraspeln garnieren.

4. Das Glas bzw. die Schale verschließen oder abdecken und über Nacht in den Kühlschrank stellen. Am nächsten Morgen genießen.

Zutaten

1 Pfirsich
250 ml Milch, 1,5 % Fett
1 EL Ahornsirup
60 g Haferflocken
1 EL Kokosraspeln

Gewürze

Zimt

Lagern Sie Pfirsiche stets im Kühlschrank, am besten so, dass...
...die einzelnen Früchte nicht aneinander stoßen. Sind die Früchte noch nicht reif, können sie zum Nachreifen ein paar Tage bei Zimmertemperatur gelagert werden.

Overnight Oats mit Bananen und Chiasamen

Zubereitung

1. Die Bananen schälen und eine Hälfte in Scheiben schneiden.

2. Die andere Banane mit einer Gabel zerdrücken und mit dem Joghurt, Saft der Orange, Ahornsirup, den Haferflocken, Chiasamen und der Mandelmilch verrühren.

3. Den Haferbrei mit den Bananenscheiben schichtweise in ein Glas füllen.

4. Das Glas verschließen oder abdecken und über Nacht in den Kühlschrank stellen und am nächsten Morgen genießen.

Zutaten

1,5 Bananen
1 EL Chiasamen
1 EL Ahornsirup
100 ml Mandelmilch
30 g Haferflocken
200 g Joghurt, 1,5 % Fett
0,5 Orange

Dem hohen Anteil an Zink ist es zu verdanken, dass...
...Haferflocken auf Dauer das Hautbild verbessern können.

Obstsalat mit Beeren, Banane, Birne und Joghurt

Zubereitung

1. Die Banane schälen und in Scheiben schneiden.

2. Die Birne entstielen, entkernen und in kleine Stücke schneiden.

3. Die Bananenscheiben mit den Birnenstücken und Beeren in einer Schale anrichten.

4. Den Joghurt mit dem Honig, Limettensaft, Limettenabrieb und den Leinsamen verrühren, über das Obst gießen und mit einem Minzblättchen garniert servieren.

Zutaten

1 Banane
1 Birne
1 EL Leinsamen
100 g Beeren
100 g Joghurt, 3,5 % Fett
1 EL Honig
0,5 TL Limettenabrieb
1 EL Limettensaft

Garnitur

Minzblättchen

Leinsamen senken das Risiko von Brust- und Prostatakrebs,...
...weil sie starke antioxidative und östrogene Eigenschaften besitzen.

 447 kcal
 70 %
 10 %
 15 %
 17 g

Obstsalat mit Banane, Erdbeeren und Quark

Zubereitung

1. Die Erdbeeren waschen, entstielen und klein schneiden. Den Pfirsich waschen und in Scheiben schneiden. Die Banane schälen und in Scheiben schneiden. Das Obst in eine Schale geben.

2. Den Quark in eine Schüssel geben, die Leinsamen hinzufügen und nach Geschmack mit Zimt würzen.

3. Die Orange über dem Quark auspressen und alles gut verrühren.

4. Den Orangenquark über das Obst gießen und servieren.

Zutaten

1 Banane
150 g Erdbeeren
1 Pfirsich
0,5 Orange
1 EL Leinsamen, gemahlen
200 g Magerquark

Gewürze

Zimt

In 100 Gramm Orangen stecken ca. 50 - 80 mg Vitamin C.
Vitamin C ist dafür bekannt, dass es das Immunsystem unterstützt und besonders in der kalten Jahreszeit Erkältungen vorbeugen kann.

Mandelmilchshake mit Birne, Banane und Datteln

Zubereitung

1. Die Birnen entstielen, entkernen und in Stücke schneiden.

2. Die Datteln mit 50 ml Mandelmilch, den Birnenstücken und den Bananen in den Mixer geben und auf hoher Stufe fein pürieren.

3. Die restlichen Zutaten hinzufügen, nach Geschmack mit Vanille würzen und noch einmal gut durchmixen.

Zutaten

400 ml Mandelmilch
1,5 EL Mandelmus
1,5 Bananen
1,5 Birnen
3 Datteln
1 TL Ahornsirup

Gewürze

0,5 TL Zimt
Vanille

Zimt ist nicht gleich Zimt.
Bevorzugen Sie Ceylon-Zimt. Dieser enthält, im Vergleich zum Cassia-Zimt, nur geringe Mengen vom schädlichen Stoff Cumarin.

459 kcal   84 %   5 %   11 %   16 g

Shake mit Erdbeeren, Banane und Quark

Zubereitung

1. Die Banane schälen und halbieren.

2. Die Erdbeeren entstielen.

3. Alle Zutaten in den Mixer geben und auf hoher Stufe pürieren.

4. Den Inhalt in ein großes Glas gießen und mit einem Minzblättchen garniert servieren.

Zutaten

250 g Erdbeeren
120 g Magerquark
1 TL Ahornsirup
1 Banane
250 ml Orangensaft
1 TL Leinsamen, gemahlen

Garnitur

Minzblättchen

Ist die Erdbeere erst einmal gepflückt, reift sie nicht mehr nach.
Deshalb sollte bei der eigenen Ernte darauf geachtet werden, dass die Erdbeere den endgültigen Reifegrad erreicht hat.

Smoothie Bowl mit Erdnussmus, Banane und Kakao

Zubereitung

1. Die Bananen schälen und eine Hälfte für das Topping in Scheiben schneiden. Die anderen Bananenstücke in den Mixer geben.

2. Das Erdnussmus mit den Chiasamen, Haferflocken, der Hafermilch, Dattel und dem Kakaopulver hinzufügen, alles gut durchmixen und 10 Minuten ziehen lassen.

3. Zum Schluss das Püree in eine tiefe Schüssel geben, mit den Bananenscheiben, Erdnüssen, Kokosraspeln und der Zartbitterschokolade garniert servieren.

Zutaten

2 Bananen
1 Dattel
3 EL Haferflocken
130 ml Hafermilch
1 TL Erdnussmus
1 TL Chiasamen
1 TL Kakaopulver

Garnitur

1 TL Erdnüsse
1 TL Zartbitter Schokoraspeln
1 TL Kokosraspeln

Schon gewusst, dass Erdnüsse reich an Zink sind?
Mit 100 g Erdnüssen ist der Tagesbedarf an Zink bereits zu einem Drittel gedeckt.

Smoothie Bowl mit Mango, Granatapfel und Chiasamen

Zubereitung

1. Die Mango und Banane schälen und in Stücke schneiden.

2. Die Ananas vierteln, den Strunk entfernen, schälen und klein schneiden.

3. Die Mango-, Ananas- und Bananenstücke mit dem Saft der Orange und den Haferflocken in einen Mixer geben und auf höchster Stufe fein pürieren.

4. Das Obstpüree mit den restlichen Zutaten garniert servieren.

Zutaten

150 g Mango
0,5 Orange
3 EL Haferflocken
150 g Ananas
2 EL Granatapfelkerne
25 g Blaubeeren
1 Banane
1 TL Chiasamen

Eine reife Mango innerhalb von 2 Tagen verzehren, bevor sie...
...zu weich wird und zu gären anfängt. Möchte man Mangos auf Vorrat kaufen, sollte man daher zu harten, unreifen Früchten greifen.

Beeren-Smoothie Bowl mit gerösteten Mandelblättchen

Zubereitung

1. Die Banane schälen. Von den Himbeeren, Brombeeren und Blaubeeren einige für die Garnitur beiseite legen.

2. In einer beschichteten Pfanne die Mandelblättchen mit den Sonnenblumenkernen 1-2 Minuten unter ständigem Rühren anrösten und mit Zimt verfeinern.

3. Die Banane, Hälfte der Beeren und Chiasamen, Haferflocken, Ahornsirup und Hafermilch in einen Mixer geben, alles gut durchmixen, in eine Schale geben und 10 Minuten ziehen lassen.

4. Zum Schluss das Püree mit den restlichen Himbeeren, Goji Beeren, Brombeeren, Blaubeeren, gerösteten Mandelblättchen, Sonnenblumenkernen und den restlichen Chiasamen garnieren und servieren.

Zutaten

100 g Himbeeren
100 g Blaubeeren
100 g Brombeeren
1 Banane
3 EL Haferflocken, zart
1 TL Chiasamen
1 TL Mandelblättchen
1 TL getrocknete Goji Beeren
1 TL Sonnenblumenkerne
120 ml Hafermilch

Gewürze

Zimt
1 EL Ahornsirup

Um Deine Smoothie Bowl noch cremiger zu machen,...
...kannst Du die Banane einen Tag vorher einfrieren.

497 kcal   68 %   10 %   22 %   21 g   Frühstück   81

Waffel mit Beeren, Haferflocken, Joghurt und Quark

Zubereitung

1. Die Haferflocken mit der Milch in eine Schüssel geben und kurz einweichen.

2. Die Banane schälen und mit einer Gabel zerdrücken.

3. Alle Zutaten für die Waffeln in eine Schale geben, nach Geschmack mit Zimt würzen und verrühren, bis eine glatte Teigmasse entstanden ist.

4. Das Waffeleisen etwas einfetten, erhitzen und den Teig portionsweise für 2 Minuten in das Waffeleisen geben.

5. Die fertigen Waffeln mit dem Joghurt bestreichen, den Beeren belegen und servieren.

Zutaten

30 g Haferflocken
50 g Magerquark
1 Ei
Zimt
25 ml Milch, 1,5 % Fett
1 TL Honig
0,5 Banane

Belag

100 g Joghurt, 1,5 % Fett
100 g Blaubeeren
50 g Himbeeren

Der Gehalt an Eisen in Himbeeren ist bemerkenswert,...
...deshalb wirkt die rote Frucht blutreinigend und blutbildend.

465 kcal   51 %   21 %   28 %   11 g   Frühstück

Muffins mit Banane und Datteln

Zubereitung

1. Den Backofen auf 180 °C Umluft vorheizen. Die Datteln mit der geschälten Banane und dem Orangen- und Zitronensaft in den Mixer geben und pürieren.

2. Die restlichen Zutaten hinzufügen und auf kleinerer Stufe verrühren. Dann den Teig 10 Minuten ziehen lassen.

3. Den Teig in die Muffintütchen füllen und für ca. 25-30 Minuten in den Backofen geben.

Zutaten

1 Banane, reif
60 g Magerquark
2 Datteln
1 EL Orangensaft
50 g Haferflocken, zart
1 Ei
1 TL Ahornsirup
0,5 TL Backpulver

Gewürze

0,5 TL Zimt
0,5 TL Zitronenabrieb
1 TL Zitronensaft

Ideal geeignet ist die Dattel für Sportler, die mit einem...
...kleinen Snack vor dem Start noch mal Kraft tanken möchten.

498 kcal   60 %   20 %   20 %   8 g   Frühstück   85

IHRE **REZEPTE**

Brote, Suppen und Salate sind ideale Rezepte zum Vorbereiten und Mitnehmen. Wer es süß mag kann natürlich auch eine Frühstücksmahlzeit wie ein Joghurt, Quark, Shake oder Müsli zum Mitnehmen zubereiten.

416 kcal   81 %   13 %   6 %   6 g

Buttermilch-Couscous mit Minze und Granatapfel

Zubereitung

1. Die Buttermilch mit dem Honig erhitzen. Kurz bevor die Buttermilch kocht, den Couscous einrühren und nach Packungsanweisung aufquellen lassen.

2. Die Minze sehr fein hacken und mit dem Zitronensaft, dem Apfelmus und den Granatapfelkernen in eine Schüssel geben.

3. Den Couscous lauwarm mit in die Schüssel geben, alles verrühren und servieren.

Zutaten

60 g Couscous
3 EL Apfelmus
3 EL Granatapfelkerne
200 ml Buttermilch, 1 % Fett
2 TL Honig
2 TL Zitronensaft
Minze

Couscous enthält sehr viele Kohlenhydrate und Ballaststoffe,...
...dafür nur sehr wenig Fett. Diese Kombination macht Couscous unglaublich gesund und sättigend.

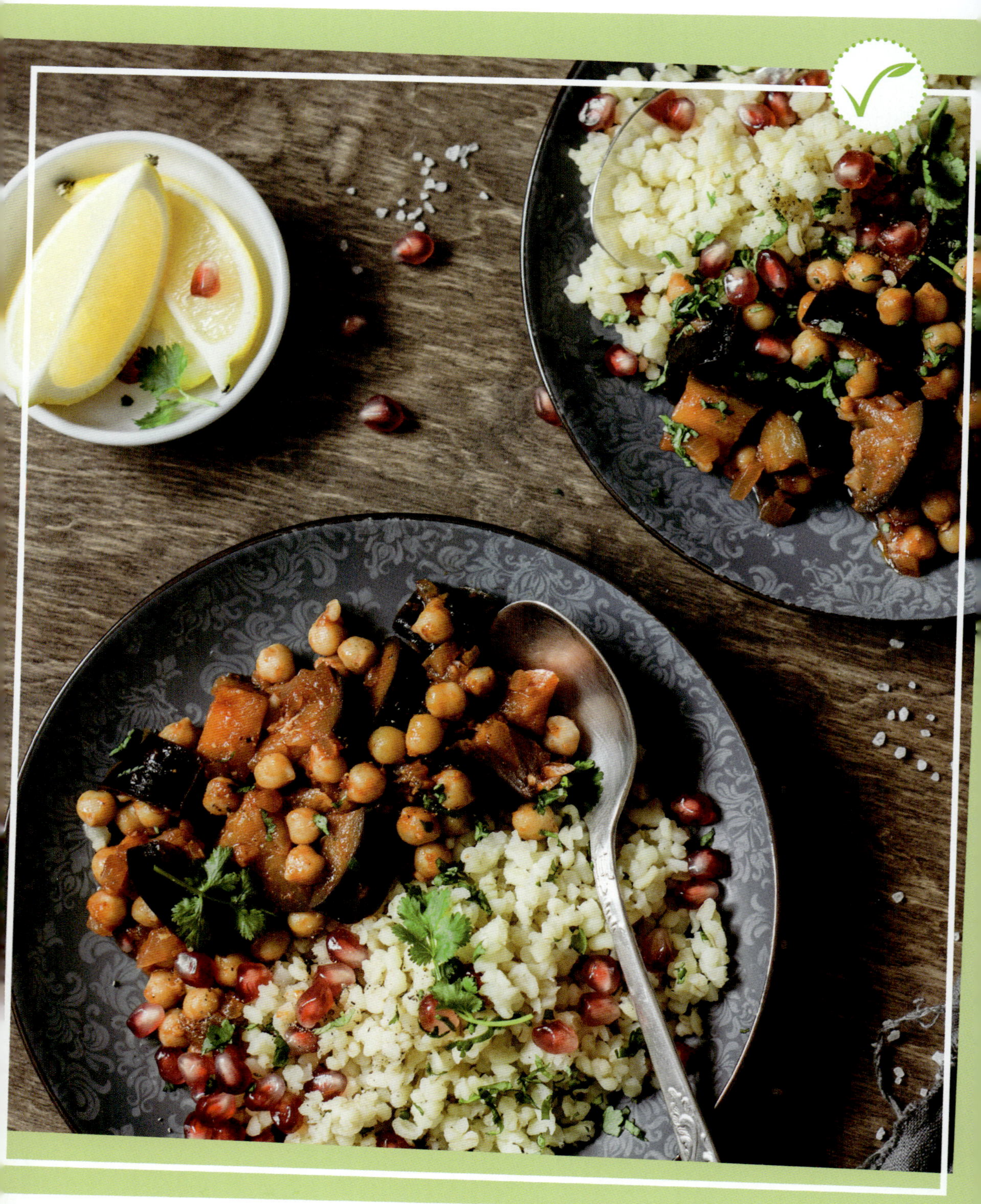

Bulgur mit Kichererbsen und Aubergine

Zubereitung

1. Den Bulgur nach Packungsanweisung zubereiten. In der Zwischenzeit die Aubergine vierteln und in Stücke schneiden.

2. Den Knoblauch und die Schalotte schälen und in Würfel schneiden.

3. Das Öl mit dem Tomatenmark in eine erhitzte Pfanne geben und die Schalotten- und Knoblauchwürfel 1 Minute anbraten.

4. Die Auberginenstücke hinzugeben und 3 Minuten weiterbraten.

5. Die Kichererbsen hinzufügen und mit der Gemüsebrühe ablöschen.

6. Die gehackten Tomaten und die Hälfte der Petersilie hinzufügen, alles mit den Gewürzen abschmecken, kräftig umrühren und weitere 3 Minuten köcheln lassen.

7. Den fertigen Bulgur mit den Granatapfelkernen und der restlichen Petersilie vermengen, mit Salz und Pfeffer abschmecken und zusammen mit dem Pfanneninhalt anrichten.

Zutaten

40 g Bulgur
150 g Kichererbsen, Dose
1 Aubergine
2 EL Granatapfelkerne
1 EL Petersilie, gehackt
80 g Tomaten, Dose
1 Schalotte
0,25 Knoblauchzehe
1 TL Öl
50 ml Gemüsebrühe
1 TL Tomatenmark

Gewürze

Salz
Pfeffer
Garam Masala

407 kcal   58 %   20 %   22 %   14 g

Buchweizenpfanne mit Spinat und Champignons

Zubereitung

1. Den Buchweizen nach Packungsanleitung leicht bissfest kochen.

2. In der Zwischenzeit die Zwiebel und Knoblauchzehe schälen und in kleine Würfel schneiden. Die Champignons putzen und zusammen mit dem Spinat fein hacken.

3. Das Öl in einer Pfanne erhitzen und die Zwiebel- und Knoblauchwürfel zusammen mit den Champignons ca. 5 Minuten unter Rühren anbraten.

4. Dann den Fond und Orangensaft aufgießen und nach Geschmack mit Salz, Pfeffer und den Kräutern würzen.

5. Zum Schluss den abgetropften Buchweizen sowie den Spinat dazugeben, noch einmal abschmecken, weitere 3 Minuten braten und anschließend servieren.

Zutaten

60 g Buchweizen
180 g Blattspinat
300 g Champignons
1 Zwiebel
0,5 Knoblauchzehe
60 ml Gemüsefond
2 TL Rapsöl
1 EL Orangensaft

Gewürze

Salz
Pfeffer
Kräuter der Provence

Buchweizen senkt den Blutdruck, hilft gegen Krampfadern,...
...reguliert den Cholesterinspiegel und schützt die Leber.

 454 kcal 45 % 24 % 31 % 6 g

Gurkensalat mit Quinoa und Feta

Zubereitung

1. Die Quinoa nach Packungsanleitung zubereiten. In der Zwischenzeit die Gurke waschen, die Enden entfernen und mit einem Sparschäler in schmale, längliche Scheiben schneiden.

2. Den Feta abtropfen lassen und dann in kleine Stücke zerbröseln.

3. Alles zusammen anrichten.

4. Für das Dressing das Öl mit dem Balsamico, Dijon-Senf und Dill in ein Schälchen geben, nach Belieben mit Salz und Pfeffer würzen und alles miteinander verquirlen.

5. Das Dressing über den angerichteten Salat gießen und mit Petersilie garniert servieren.

Zutaten

1 Gurke
60 g Quinoa
80 g Feta, 9 % Fett

Dressing

1 TL Rapsöl
1 EL Balsamico
0,5 TL Dijon-Senf
1 TL Dill, gehackt

Gewürze & Garnitur

Salz
Pfeffer
Petersilie

Quinoa eignet sich als Getreideersatz, da es kein Gluten enthält.
Neben Amaranth und Buchweizen gehört auch Quinoa zu den Pseudogetreiden. Perfekt also für alle, die an Zöliakie erkrankt sind oder eine Glutenunverträglichkeit haben.

Französische Gemüsepfanne

Zubereitung

1. Zunächst die Aubergine in Würfel schneiden, in ein Sieb geben, salzen und ziehen lassen.

2. Als nächstes die Zwiebel und Knoblauchzehe abziehen und in feine Würfel hacken. Die Zucchini und die Paprika in Würfel schneiden. Die Fenchelknolle in feine Streifen schneiden.

3. Nun die Auberginenwürfel kurz abbrausen und abtropfen lassen.

4. Das Öl in einer sehr großen Pfanne erhitzen und das Gemüse darin ca. 3 Minuten scharf anbraten, dann das Tomatenmark unterrühren und mit Salz und Pfeffer abschmecken.

5. Die passierten Tomaten, den Weißwein, die Gemüsebrühe sowie die Kräuter der Provence unterrühren und noch einmal mit Salz und Pfeffer abschmecken.

6. Das Gericht 5 bis 10 Minuten köcheln, bis die gewünschte Bissfestigkeit erreicht ist und anschließend genießen.

Zutaten

250 g Aubergine
250 g Zucchini
1 Paprika, grün
1 Paprika, rot
1 Zwiebel, klein
1 Fenchelknolle
0,5 Knoblauchzehe
200 g Tomaten, passiert
3 TL Olivenöl
2 TL Tomatenmark
40 ml Weißwein
50 ml Gemüsebrühe
1 EL Kräuter der Provence

Gewürze

Salz
Pfeffer

434 kcal   38 %   15 %   47 %   18 g

Brokkolisalat mit Paprika, Oliven und Walnüssen

Zubereitung

1. Den Brokkoli in große Röschen teilen und mit einer Reibe raspeln.

2. Die Zwiebel schälen und in Stücke schneiden. Die Radieschen in Stücke schneiden.

3. Die Paprika entkernen, waschen und in Stücke schneiden. Die Oliven vierteln.

4. Das Gemüse und die Walnüsse zusammen anrichten.

5. Für das Dressing den Honig mit dem Limettensaft, Apfelsaft, Öl und Oregano in einer Schale verrühren und mit Salz und Pfeffer abschmecken.

6. Das Dressing über den Salat gießen und servieren.

Zutaten

300 g Brokkoli
1 Paprika, rot
6 Oliven, grün
0,25 Zwiebel, rot
20 g Walnüsse, gehackt
5 Radieschen

Dressing

1 TL Honig
1 EL Limettensaft
1 TL Öl
2 EL Apfelsaft
1 TL Oregano, gehackt

Gewürze

Salz
Pfeffer

Brokkoli liefert jede Menge Vitamin C. Sogar doppelt...
...so viel wie Blumenkohl und schützt dadurch vor Erkältungen.

412 kcal   31 %   40 %   29 %   12 g

Aubergine mit Hüttenkäse und Tomaten

Zubereitung

1. Die Aubergine längs in Scheiben schneiden und salzen.

2. Die Tomaten entkernen und in Würfel schneiden. Das Öl in einer beschichteten Pfanne erhitzen, die Auberginenscheiben von beiden Seiten goldbraun anbraten und dann auf ein Küchenpapier legen.

3. Den Hüttenkäse mit dem Dill, Zitronensaft und den Tomatenwürfeln vermengen und mit Salz und Pfeffer kräftig würzen.

4. Die Füllung an den Enden der Auberginenscheiben verteilen, diese einrollen, mit einem Zahnstocher befestigen und servieren.

Zutaten

450 g Aubergine
300 g Hüttenkäse
2 Tomaten
1 TL Zitronensaft
1 EL Dill, gehackt
1 TL Öl

Gewürze

Salz
Pfeffer
Dillspitzen

Volle Power fürs Gehirn!

Antioxidativ wirkende Stoffe in Auberginen können den Blutfluss im Kopf verbessern.

432 kcal   34 %   10 %   56 %   17 g

Guacamole mit Gemüsestickstreifen

Zubereitung

1. Die Gurke der Länge nach vierteln, entkernen und in Streifen schneiden.

2. Die Möhren schälen, die Paprika entkernen und beides ebenfalls in feine Streifen schneiden.

3. Die Avocado halbieren, entkernen, das Fruchtfleisch auslöffeln, in eine Schale geben und mit einer Gabel zerdrücken.

4. Den Knoblauch abziehen, pressen und zusammen mit dem Limettensaft, Joghurt und der Petersilie zu der Avocado hinzufügen.

5. Die Zwiebel abziehen, die Tomate halbieren, entkernen und beides in kleine Würfel schneiden. Beides zur Guacamole geben, kräftig mit Salz und Pfeffer würzen und gut verrühren.

6. Die Gemüsestreifen zum Dip servieren.

Zutaten

0,75 Salatgurke
2 Möhren
1 Paprika, rot
100 g Avocado
1 TL Limettensaft
2 EL Joghurt, 1,5 % Fett
1 Tomate
0,5 Zwiebel
1 Knoblauchzehe

Gewürze

1 EL Petersilie, gehackt
Salz
Pfeffer

Avocados liefern viele Vitamine und sekundäre Pflanzenstoffe.
Das darin enthaltene Vitamin A ist entscheidend für den Sehvorgang und verantwortlich für gesunde Zähne und Knochen.

473 kcal   54 %   19 %   27 %   18 g

Linsensalat mit Paprika und Gurke

Zubereitung

1. Die Linsen in einem Sieb mit kaltem Wasser abspülen und abtropfen lassen.

2. Die Paprika entkernen, waschen und in mundgerechte Streifen schneiden.

3. Die Gurke waschen und zerkleinern.

4. Das Gemüse zusammen mit den Linsen und der Petersilie in eine Schüssel geben und vermischen.

5. Für das Dressing die Zwiebel und Knoblauchzehe abziehen. Die Zwiebel in kleine Würfel schneiden, den Knoblauch auspressen und mit dem Essig, Ajvar und Öl in eine Schale geben und verrühren.

6. Nach Geschmack mit Salz, Pfeffer und Ras el Hanout würzen, über den Salat gießen und vermengen.

Zutaten

250 g braune Linsen, Dose
1 Paprika, rot
0,5 Gurke
1 EL Petersilie, gehackt

Dressing

0,5 Zwiebel
2 EL Balsamico-Essig
1 EL Olivenöl
1 EL Ajvar
0,5 Knoblauchzehe

Gewürze

Salz
Pfeffer
Ras el Hanout

Getrocknete Linsen sollten in einem luftdichten Behälter an...
...einem dunklen und kühlen Ort gelagert werden. Auf diese Weise bleiben sie bis zu 12 Monate lang frisch.

424 kcal   47 %   23 %   30 %   15 g

Kichererbsensalat mit Granatapfel und Feta

Zubereitung

1. Die Kichererbsen in einem Sieb abspülen und abtropfen lassen.

2. Die Granatapfelkerne aus dem Granatapfel lösen.

3. Den Feta zerbröseln und gemeinsam mit den Granatapfelkernen sowie den Kichererbsen in eine Schüssel geben und vermengen.

4. Für das Dressing das Öl mit dem Senf, Obstessig, Ahornsirup und der Petersilie in ein Schälchen geben, gut vermischen und nach Belieben mit Salz und Pfeffer würzen.

5. Den Salat mit dem Dressing begießen, vermengen und servieren.

Zutaten

200 g Kichererbsen, Dose
0,5 Granatapfel
40 g Feta, 8,5 % Fett

Dressing

1 TL Olivenöl
2 EL Petersilie, gehackt
1 TL Senf, mittelscharf
1 TL Ahornsirup
1 EL Obstessig

Gewürze

Salz
Pfeffer

Granatapfelkerne ablösen leicht gemacht! Dazu die Hälften...
...mit der geöffneten Seite auf ein Brett legen und mit einem Holzlöffel rundherum auf die Schale klopfen. Die Kerne lösen sich und fallen heraus.

403 kcal   52 %   15 %   33 %   11 g

Farfalle mit Tomatensauce und Aubergine

Zubereitung

1. Die Farfalle in kochendem Salzwasser nach Packungsanleitung zubereiten.

2. Die Aubergine in mundgerechte Stücke schneiden. Die Zwiebel schälen und würfeln.

3. Die Tomate klein schneiden.

4. Das Öl in einer Pfanne erhitzen und die Zwiebelwürfel 1 Minute anbraten. Die Auberginenstücke dazugeben und 3 Minuten weiterbraten. Dann das Tomatenmark, die Tomatenwürfel und Gemüsebrühe dazugeben und noch 5 Minuten schmoren lassen.

5. Die fertigen Nudeln zum Gemüse geben und alles mit frischem Basilikum, Salz und Pfeffer abschmecken.

6. Die Nudelpfanne auf einem Teller anrichten, den geriebenen Parmesan darüber geben und mit Basilikumblättern garniert servieren.

Zutaten

60 g Farfalle, Vollkorn
200 g Aubergine
1 Tomate
0,5 Zwiebel
1 EL Parmesan, gerieben
1 EL Tomatenmark
1 EL Öl
50 ml Gemüsebrühe

Gewürze

Salz
Pfeffer
Basilikum, frisch

Auberginen sind mit 17 kcal pro 100 Gramm sehr kalorienarm.
Achten Sie bei der Zubereitung darauf, mit Fetten zu sparen, ansonsten entwickelt sich die schlankheitsfördernde Frucht schnell zur Kalorienbombe, da sie sich mit Fett vollsaugt.

450 kcal   60 %   15 %   25 %   9 g

Linguine mit Tomaten, Oliven und Feldsalat

Zubereitung

1. Die Linguine in kochendem Salzwasser nach Packungsanleitung zubereiten.

2. Die Zwiebel und Knoblauchzehe abziehen und fein würfeln. Die Tomaten vierteln. Die Oliven halbieren.

3. Das Öl in einer Pfanne erhitzen und die Zwiebel- und Knoblauchwürfel 1 Minute anbraten.

4. Mit den passierten Tomaten ablöschen, die Tomatenwürfel, Oliven und das Tomatenmark hinzufügen, 5 Minuten köcheln lassen und alles nach Geschmack mit Salz, Pfeffer, Oregano und Basilikum abschmecken.

5. Die fertigen Nudeln dazugeben und in der Pfanne schwenken. Den Pfanneninhalt in einen tiefen Teller geben und mit dem Feldsalat und gehobeltem Parmesan garniert servieren.

Zutaten

80 g Linguine, Vollkorn
200 g Kirschtomaten
5 Oliven, schwarz
50 ml Tomaten, passiert
1 TL Tomatenmark
10 g Parmesan, gehobelt
0,5 Knoblauchzehe
0,5 Zwiebel
1 TL Olivenöl

Gewürze & Garnitur

Salz
Pfeffer
Oregano, getrocknet
Basilikum, getrocknet
Feldsalat

Schwarze Oliven haben mehr Fett und Kalorien. Das Fett...
...besteht jedoch zu einem großen Teil aus einfach ungesättigten Fettsäuren. Diese sind sehr gesund, da sie sich positiv auf das Herzkreislaufsystem auswirken.

483 kcal 48 % 34 % 18 % 11 g

Farfalle mit Lachs und getrockneten Tomaten

Zubereitung

1. Die Farfalle in kochendem Salzwasser nach Packungsanleitung zubereiten.

2. Die Schalotte schälen und fein würfeln.
Den Lachs abspülen und in mundgerechte Stücke schneiden.

3. Die getrockneten Tomaten in feine Stücke schneiden.

4. Das Öl in einer beschichteten Pfanne erhitzen und die Schalottenwürfel mit den Fischwürfeln 4 Minuten anbraten und dabei regelmäßig umrühren.

5. Die getrockneten Tomaten mit der Gemüsebrühe und den halbierten Kirschtomaten dazugeben und noch 2 Minuten bei mittlerer Temperatur dünsten.

6. Zum Schluss die fertigen Nudeln unterheben, alles mit Salz und Pfeffer würzen und mit den geschnittenen Basilikumblättern servieren.

Zutaten

70 g Farfalle, Vollkorn
150 g Seelachsfilet
20 g getrocknete Tomaten
30 ml Gemüsebrühe
12 Kirschtomaten
1 TL Rapsöl
1 Schalotte

Gewürze

Salz
Pfeffer
Basilikum, geschnitten

Seelachs enthält etwas weniger Jod als andere Seefische.
Für hochwertige Proteine ist Seelachs dagegen eine besonders gute Quelle.

471 kcal 44 % 28 % 28 % 8 g

Nudelsalat mit Rucola, Kirschtomaten und Thunfisch

Zubereitung

1. Die Nudeln nach Anleitung kochen. Anschließend abgießen und kalt abspülen.

2. Die Kirschtomaten halbieren.

3. Den Rucola waschen und trocknen.

4. Die Nudeln mit dem Rucola, den Kirschtomaten und Thunfisch in einen tiefen Teller geben und vermischen.

5. Den Knoblauch abziehen und in eine Schale pressen. Die Schalotte abziehen, klein würfeln und hinzufügen. Die Gemüsebrühe zusammen mit dem Öl, Balsamico und Senf hinzufügen, nach Geschmack mit Salz und Pfeffer würzen und gut verrühren.

6. Das Dressing über den Salat gießen, 1-2 Stunden durchziehen lassen und dann servieren.

Zutaten

60 g Vollkornnudeln
10 Kirschtomaten
100 g Thunfisch, in Eigensaft
30 g Rucola

Dressing

1 Schalotte
3 EL Gemüsebrühe
2 EL Balsamico, hell
1 TL Senf
0,5 Knoblauchzehe
1 EL Olivenöl

Gewürze

Salz
Pfeffer

Rucola kann die Gesundheit der Blutgefäße verbessern, indem...
...es als entzündungshemmendes Nahrungsmittel wirkt, das den Cholesterinspiegel senkt.

469 kcal   43 %   30 %   27 %   13 g

One-Pot-Pasta mit Hackfleisch, Aubergine und getrockneten Tomaten

Zubereitung

1. Die Zwiebel und Knoblauchzehe schälen und in Würfel schneiden.

2. Die Aubergine und getrockneten Tomate ebenfalls in Würfel schneiden.

3. Das Öl in einem großen Topf erhitzen und die Knoblauch- und Zwiebelwürfel mit dem Hackfleisch 5 Minuten anbraten. Die restlichen Zutaten hinzufügen und 10 Minuten köcheln lassen, bis die Nudeln die gewünschte Bissfestigkeit erreicht haben. Dabei regelmäßig umrühren und bei Bedarf Flüssigkeit nachgießen.

4. Nach Geschmack mit Salz, Pfeffer und Rosmarin würzen.

5. Die fertige One-Pot-Pasta mit frischem Basilikum und Parmesan garnieren und servieren.

Zutaten

100 g Rinderhackfleisch, mager
50 g Vollkornnudeln
50 ml Gemüsebrühe
0,5 Aubergine
0,5 Zwiebel
0,5 Knoblauchzehe
2 Tomaten, getrocknet
1 TL Öl
1 EL Ajvar

Gewürze

Salz
Pfeffer
Rosmarin, getrocknet
Basilikum
Parmesan

Für besonders cremig-leckeren Nudelgenuss sollten diese außer...
...beim Salat nicht kalt abgespült werden. Sonst wird die Stärke, welche die Nudelrezepte so cremig macht, abgespült.

 479 kcal 49 % 23 % 38 % 10 g

Möhren-Pastinakenpuffer mit Hüttenkäse

Zubereitung

1. Die Möhre, Pastinake und Kartoffeln waschen, schälen und fein raspeln.

2. Die Zwiebel schälen, klein würfeln und zum Gemüse geben.

3. Das Ei mit dem Mehl zum Gemüse geben, alles gut vermengen und kräftig mit Salz und Pfeffer würzen.

4. Das Öl in einer großen beschichteten Pfanne erhitzen und mit dem Esslöffel die Puffer in das heiße Öl geben, flach drücken und von beiden Seiten goldbraun braten.

5. Den Hüttenkäse mit Salz, Pfeffer, Schnittlauch und Petersilie würzen.

6. Die Puffer in einem Küchentuch entfetten, mit den Kräutern garnieren und mit dem Hüttenkäse servieren.

Zutaten

100 g Kartoffeln
1 Möhre
1 Pastinake
1 Ei
2 EL Vollkornmehl
1 TL Öl
100 g Hüttenkäse
0,5 Zwiebel

Gewürze

Salz
Pfeffer
Schnittlauch, gehackt
Petersilie, gehackt
Basilikum

Das Kauen von rohen Möhren regt die Speichelbildung an.
In Folge dessen können Bakterien im Mundbereich effektiv bekämpft und reduziert werden.

437 kcal   18 %   36 %   46 %   9 g

Zucchini-Puffer mit Radieschen

Zubereitung

1. Den Backofen auf 180 °C Umluft vorheizen.

2. Die Zucchini fein raspeln und das Wasser kräftig in einem Sieb ausdrücken. Dann salzen.

3. Die Zwiebel abziehen und klein Würfeln.

4. Das Ei mit dem Eiklar, Semmelbröseln, Parmesan, Schnittlauch und den Zwiebelwürfeln in eine Schale geben mit Salz und Pfeffer würzen und kräftig vermischen. Danach die Zucchiniraspeln unterheben.

5. Die Radieschen in feine Scheiben schneiden und mit dem Feldsalat anrichten.

6. Aus der Zucchinimasse kleine Puffer formen und diese auf ein mit Backpapier ausgelegtem Backblech legen und für ca. 25 Minuten in den Backofen geben.

7. Alles zusammen anrichten und genießen.

Zutaten

2 Zucchini
1 Ei
1 Eiklar
30 g Feldsalat
1 Zwiebel
50 g Parmesan, gerieben
6 Radieschen
4 EL Vollkorn-Semmelbrösel
1 EL Schnittlauch

Gewürze

Salz
Pfeffer

Mit 25 Kalorien auf 100 g ist die Zucchini sehr kalorienarm.
Dabei hat sie einen Fett-Gehalt unter 1 % und liefert Mineralstoffe wie Magnesium für gesunde Nerven und Muskeln sowie Eisen für den Sauerstofftransport.

416 kcal   52 %   28 %   20 %   7 g

Kartoffelwaffeln mit Frischkäse und Radieschen

Zubereitung

1. Die Kartoffeln schälen in Stücke schneiden und im Salzwasser 15 Minuten kochen. Dann abgießen und ausdämpfen lassen.

2. In der Zwischenzeit den Frischkäse, die Hälfte vom Quark und den Schnittlauch in ein Schälchen geben, mit Salz und Pfeffer würzen und gut verrühren.

3. Die Radieschen waschen und in Scheiben schneiden.

4. Das Ei mit der anderen Hälfte vom Quark, den Zwiebelstücken, der Petersilie, Milch und dem Mehl in eine Schale geben, gut verrühren und kräftig mit Salz und Pfeffer würzen.

5. Die fertigen Kartoffeln durch eine Presse drücken oder mit einer Gabel zerdrücken und hinzufügen.

6. Das Waffeleisen erhitzen, mit etwas Öl einpinseln und portionsweise den Teig zu Waffeln backen.

7. Die Frischkäsecreme auf der Waffel verteilen, mit den Radieschenscheiben belegen, mit der anderen Waffel zuklappen und servieren.

Zutaten

100 g Kartoffeln
35 g Dinkelvollkornmehl
30 g Frischkäse, 5 % Fett
70 g Magerquark
3 Radieschen
20 ml Milch, 1,5 % Fett
1 Ei
0,25 Zwiebel, gehackt
1 El Schnittlauch
1 EL Petersilie

Gewürze

Salz
Pfeffer

 419 kcal 34 % 35 % 31 % 8 g

Vollkornmuffins mit Kochschinken und Zwiebeln

Zubereitung

1. Die Möhre schälen, waschen und klein raspeln. Von der Zucchini das Endstück abschneiden und die Zucchini ebenfalls klein raspeln.

2. Die Zwiebel und Knoblauchzehe abziehen und würfeln. Den Schinken klein schneiden.

3. Den Backofen auf 180 °C Ober-/Unterhitze vorheizen.

4. In einer beschichteten Pfanne alle vorbereiteten Zutaten mit dem Öl bei mittlerer Hitze ca. 3-5 Minuten dünsten. Dann die Schinkenwürfel dazugeben und mit Salz, Pfeffer und den Kräutern nach Geschmack würzen und alles auskühlen lassen.

5. Das Mehl mit dem Backpulver vermischen und in eine Schale geben. Das Ei mit dem Eiklar verquirlen, zusammen mit dem Pfanneninhalt zum Mehl geben und gut verrühren.

6. Den Teig in die Muffinförmchen füllen und auf der mittleren Schiene des Backofens, ca. 15 Minuten ausbacken. Die fertigen Muffins mit Basilikum garniert servieren.

Zutaten

75 g Kochschinken
40 g Weizenvollkornmehl
1 Ei
1 Eiklar
1 Möhre
0,5 Zucchini
0,5 Zwiebel
0,5 Knoblauchzehe
1 TL Öl
1 MSP. Backpulver

Gewürze

Salz
Pfeffer
Kräuter der Provence
Basilikum, frisch

413 kcal 55 % 13 % 32 % 11 g

Champignoncremesuppe

Zubereitung

1. Die Champignons putzen und in Scheiben schneiden.

2. Die Zwiebel schälen und fein würfeln.

3. Die Kartoffeln schälen und ebenfalls würfeln.

4. Das Öl in einem Topf erhitzen und die Zwiebelwürfel zusammen mit den Champignons 5 Minuten anbraten. Die Kartoffelwürfel dazugeben und alles mit der Gemüsebrühe ablöschen. Die Suppe 15 Minuten bei mittlerer Hitze köcheln lassen.

5. Die saure Sahne hinzufügen und die Suppe mit einem Handmixer fein pürieren.

6. Nach Geschmack mit Salz und Pfeffer würzen, mit frischer Petersilie garnieren und servieren.

Zutaten

200 g Champignons
300 g Kartoffeln
0,5 Zwiebel
1 EL Erdnussöl
400 ml Gemüsebrühe
30 g saure Sahne, 10 % Fett

Gewürze

Salz
Pfeffer
Petersilie, frisch

Champignons – reich an Selen, Ballaststoffen und Vitamin D.
Selen schützt uns vor freien Radikalen. Chinesische Wissenschaftler sagen dem Pilz sogar eine hemmende Wirkung auf das Wachstum von Krebszellen nach.

463 kcal 66 % 20 % 14 % 16 g

Linsensuppe mit Kartoffeln und Möhre

Zubereitung

1. Die Linsen in einem Sieb abspülen und abtropfen lassen.

2. Die Schalotte schälen und fein würfeln.

3. Die Kartoffeln und Möhre ebenfalls schälen und in mundgerechte Stücke schneiden.

4. Das Öl in einem Topf erhitzen und die Schalottenwürfel zusammen mit den Kartoffelstücken 2 Minuten anbraten. Dann mit der Gemüsebrühe ablöschen, die restlichen Zutaten hinzufügen und 10 Minuten köcheln lassen, bis die Kartoffel- und Möhrenstücke gar sind.

5. Die Linsensuppe mit Salz, Pfeffer, Balsamico und frischer Petersilie nach Geschmack würzen und anrichten.

Zutaten

250 g braune Linsen, Dose
200 g Kartoffeln
1 Möhre
0,5 Schalotte
300 ml Gemüsebrühe
1 TL Rapsöl

Gewürze

Salz
Pfeffer
Balsamico
Petersilie

Werden Linsen mit Vitamin-C-reichen Lebensmitteln, wie z. B...
...Petersilie oder Paprika kombiniert, kann der Eisengehalt besser vom Körper aufgenommen werden.

473 kcal   64 %   18 %   18 %   19 g

Brokkolisuppe mit Kartoffeln

Zubereitung

1. Die Kartoffeln schälen und würfeln. Vom Brokkoli die Röschen trennen.

2. Die Zwiebel schälen und fein hacken.

3. Das Öl in einem Topf erhitzen, die Zwiebelstücke 2 Minuten anbraten und mit der Gemüsebrühe ablöschen.

4. Dann die Kartoffelstücke und Brokkoliröschen hinzufügen, alles mit Salz, Pfeffer und Muskat nach Geschmack würzen und 15 Minuten zugedeckt köcheln lassen.

5. Anschließend die Suppe mit einem Stabmixer pürieren.

6. Danach die Sojacuisine unterrühren, die Suppe mit Petersilie garnieren und mit dem Vollkornbrot servieren.

Zutaten

500 ml Gemüsebrühe
300 g Brokkoli
200 g Kartoffeln
40 g Vollkornbrot
0,5 Zwiebel
2 EL Sojacuisine
1 EL Petersilie, gehackt
1 TL Olivenöl

Gewürze

Salz
Pfeffer
Muskat

Brokkoli kann gesunde Knochen und Gelenke fördern.
Brokkoli ist eine gute Quelle für Vitamin K und Kalzium, zwei wichtige Nährstoffe für den Erhalt starker, gesunder Knochen.

406 kcal   15 %   59 %   26 %   7 g

Sommerrollen mit Huhn, Gemüse und Sojasoße

Zubereitung

1. Das Huhn in kleine, mundgerechte Streifen schneiden.

2. Das Öl in einer beschichteten Pfanne erhitzen und die Hühnerstreifen unter stetigem Wenden ca. 6 Minuten braten. Dabei mit Curry, Knoblauch und Pfeffer nach Belieben würzen.

3. In der Zwischenzeit die Gurke entkernen und in Stifte schneiden. Die Radieschen, Möhren und Frühlingszwiebeln ebenfalls in kleine Stifte schneiden. Den Salat in kleinere Stücke rupfen.

4. Nun das Reispapier nacheinander auf einen Teller mit lauwarmem Wasser legen und ein paar Sekunden quellen lassen.

5. Die Reispapiere auf eine feuchte Arbeitsplatte legen. Im unteren Drittel etwas Fleisch, Gemüse und Salat verteilen und etwas Koriander dazu geben. Dann die Seitenränder darüber klappen und die Blätter mit leichtem Druck aufrollen.

6. Zum Schluss die Rollen mit einem Schälchen Sojasoße servieren.

Zutaten

7 Blätter Reispapier
230 g Hühnerbrustfilet
2 Möhren
7 Radieschen
0,5 Gurke
5 Blätter Kopfsalat
2,5 Frühlingszwiebeln
2 TL Rapsöl

Gewürze

Pfeffer
Sojasauce
Curry
Koriander
Knoblauch

401 kcal   39 %   36 %   25 %   4 g

Wrap mit Bratenaufschnitt, Gurke, Tomate und Paprika

Zubereitung

1. Die saure Sahne mit dem Joghurt und Zitronensaft verrühren, mit Salz und Pfeffer würzen und auf der Tortilla verteilen.

2. Die Salatblätter waschen, trocknen und mit dem Bratenaufschnitt auf die Tortilla legen.

3. Die Gurke und Tomate entkernen und in kleine Würfel schneiden.

4. Die Paprika entkernen, waschen und ebenfalls in kleine Stücke schneiden.

5. Die Zwiebel schälen und in feine Scheiben schneiden.

6. Alles zusammen auf der Tortilla verteilen, diese eng aufrollen und servieren.

Zutaten

1 Vollkorntortilla, 60 g
1 EL saure Sahne, 10 % Fett
2 EL Joghurt, 3,5 % Fett
125 g Bratenaufschnitt
50 g Gurke
0,25 Paprika, rot
0,25 Zwiebel
3 Salatblätter
1 Tomate
1 TL Zitronensaft

Gewürze

Salz
Pfeffer
1 TL Zitronensaft

Wer mehrmals täglich Vollkorn isst, senkt das Schlaganfall-Risiko...
...um ein Drittel und das Risiko für Herzerkrankungen um ein Viertel.

464 kcal

24 %

37 %

39 %

6 g

Buddha Bowl mit Hähnchenfilet, Radieschen und Nektarine

Zubereitung

1. Den Salat waschen und trocknen.

2. Das Hähnchenfilet waschen, trocknen und nach Geschmack mit Salz, Pfeffer und Paprikapulver würzen.

3. Die Hälfte vom Öl in einer Pfanne erhitzen, das Hähnchenfilet von jeder Seite 3 Minuten anbraten und anschließend in Scheiben schneiden.

4. In der Zwischenzeit die Paprika entkernen, waschen und in Streifen schneiden. Die Nektarine halbieren, entkernen und in Streifen schneiden.

5. Die Gurke und Radieschen ebenfalls in Scheiben schneiden. Alles zusammen anrichten und die Walnüsse darüber verteilen.

6. Für das Dressing den Orangensaft mit dem restlichen Öl, Balsamico, Senf und Honig in ein Schälchen geben, gut verquirlen und nach Belieben mit Salz, Pfeffer und Salatkräutern würzen.

7. Den Salat mit dem Dressing begießen und genießen.

Zutaten

150 g Hähnchenfilet
30 g Salat, nach Wahl
0,5 Paprika, rot
0,25 Gurke
3 Radieschen
0,5 Nektarine
1 EL Walnüsse, gehackt
2 TL Öl

Dressing

2 EL Orangensaft
1 EL Balsamico
0,5 TL Honig
0,5 TL Senf
Salatkräuter

Gewürze

Salz
Pfeffer
Paprikapulver

416 kcal   62 %   23 %   15 %   11 g

Grüne Bohnen mit Kartoffeln, Speck und Birne

Zubereitung

1. Die Enden der Bohnen abschneiden und die Bohnen waschen.

2. Die Kartoffeln schälen, in Stücke schneiden und in einem Topf mit kochendem Salzwasser 15 Minuten kochen. Nach 8 Minuten die Bohnen hinzufügen. Danach abgießen und beiseite stellen.

3. Den Speck in Streifen schneiden. Die Birne schälen und dann vierteln, entstielen, entkernen und in Stücke schneiden.

4. Das Öl in einer Pfanne erhitzen und den Schinkenspeck 2 Minuten anbraten.

5. Die Bohnen, Birnenstücke, Kartoffeln und Fleischbrühe hinzufügen, mit Bohnenkraut, Salz und Pfeffer würzen, noch 5 Minuten köcheln lassen und servieren.

Zutaten

250 g Kartoffeln
150 g grüne Bohnen
60 g Schinkenspeck, fettarm
0,5 Birne
1 TL Öl
30 ml Fleischbrühe

Gewürze

Salz
Pfeffer
Bohnenkraut

Was Sie beim Kartoffel schälen beachten sollten.
In den grünen Stellen und Keimen ist das Nervengift Solanin enthalten. Deswegen sollen Sie diese Stellen immer großzügig entfernen.

479 kcal   47 %   27 %   26 %   10 g

Chiasamenpudding mit Banane und geriebener Schokolade

Zubereitung

1. Die Bananen schälen und in Scheiben schneiden. Eine Hälfte mit einer Gabel zerdrücken.

2. Die Chiasamen mit dem Bananenmus und Quark in eine Schüssel geben. Nach Geschmack mit Zimt würzen, die Milch hinzufügen, die Orange darüber auspressen, alles gut verrühren und 15 Minuten quellen lassen.

3. Den fertigen Pudding mit den Bananenscheiben und der geriebenen Schokolade garniert servieren.

Zutaten

2 EL Chiasamen
150 g Magerquark
1,5 Bananen, reif
150 ml Milch, 1,5 % Fett
10 g Zartbitter Schokoraspeln
0,5 Orange

Gewürze

Zimt

Zartbitterschokolade schützt die Arterien. Die in den...
...Kakaobohnen enthaltenen Pflanzenstoffe erweitern die Gefäße und sorgen dafür, dass das Blut ungehindert fließt.

483 kcal   73 %   17 %   10 %   8 g

Mandelmilchshake mit Banane, Quark und Haferflocken

Zubereitung

1. Die Datteln entkernen und mit den Haferflocken und 50 ml Mandelmilch im Mixer fein pürieren.

2. Die Bananen schälen, klein schneiden, mit den restlichen Zutaten in den Mixer geben und noch einmal alles gut durchmixen.

3. Die Bananenmilch eingießen, mit etwas Zimt und ein paar Haferflocken bestreuen und mit dem Minzblättchen und einer Bananenscheibe garnieren.

Zutaten

250 ml Mandelmilch
100 g Speisequark, 3,5 % Fett
2 Bananen
2 Datteln
2 EL Haferflocken
1 EL Ahornsirup

Gewürze & Garnitur

1 TL Zimt
Minzblättchen
Bananenscheibe

Bananen enthalten viel Fruchtzucker, weshalb sie vor...
...allem bei Sportlern als schnelle Energielieferanten beliebt sind.

Ihr neues
ABENDESSEN

IHRE **REZEPTE**

Idealerweise nehmen Sie die Abendmahlzeit 2-3 Stunden vor dem Schlafen gehen ein. Überfällt Sie dennoch spät am Abend noch der Appetit, dann probieren Sie doch einmal Gemüsesticks mit herzhaftem Quark.

Omelett mit Spinat

Zubereitung

1. Den Spinat waschen, trocknen und klein schneiden.

2. Die Zwiebel abziehen und in Würfel schneiden. Die Pellkartoffel schälen und mit einer Gabel zerdrücken.

3. Die Eier mit den Eiklar und dem Kartoffelbrei in eine Schale geben, verquirlen und nach Geschmack mit Salz, Pfeffer und Muskat würzen.

4. Das Öl in einer beschichteten Pfanne erhitzen und die Zwiebelwürfel und Spinatblätter ca. 2 Minuten anbraten. Nach Geschmack mit Salz, Pfeffer und Muskat würzen.

5. Die Eimasse hinzufügen und 5-8 Minuten bei schwacher Hitze und geschlossenen Deckel stocken lassen.

6. Das fertige Omelett mit Schnittlauch garniert servieren.

Zutaten

2 Eier
2 Eiklar
150 g Blattspinat
2 Pellkartoffeln
1 TL Rapsöl
0,5 Zwiebel

Gewürze

Salz
Pfeffer
Muskat
Schnittlauch, frisch

Unterschied von Blatt- und Wurzelspinat.
Blattspinat ist noch nicht ausgewachsen und hat einen milderen Geschmack. Wurzelspinat hingegen wird maschinell geerntet, die Wurzeln bleiben erhalten.

Omelett mit Krabben und Paprika

Zubereitung

1. Die Paprika waschen, entkernen und in Stücke schneiden.

2. Die Eier mit den Eiklar und der Milch in einer Schüssel verquirlen und nach Geschmack mit Salz, Pfeffer und Muskat würzen.

3. Das Öl in einer Pfanne erhitzen und die Paprikastücke zusammen mit den Krabben 2 Minuten anbraten. Dann die Eimasse in die Pfanne gießen und in den ersten 2 Minuten den Teig mit einem Löffel aufreißen, damit etwas der flüssigen Eimasse auf den Pfannenboden läuft.

4. Anschließend das Omelett 4-5 Minuten bei geringer Hitze mit geschlossenem Deckel stocken lassen.

5. Das fertige Omelett mit Dill garniert servieren.

Zutaten

2 Eier
2 Eiklar
100 g Krabben, küchenfertig
2 EL Milch, 1,5 % Fett
1 Paprika, grün
1 TL Rapsöl

Gewürze & Garnitur

Salz
Pfeffer
Muskat
Dill, frisch

Krabben als natürliche Jodquelle nutzen.
100 g Krabben decken 80 % des durchschnittlichen Tagesbedarfs an Jod. Das Spurenelement ist besonders wichtig für die Funktion unserer Schilddrüse.

Lachsfilet mit Spinat und Meerrettichquark

Zubereitung

1. Den Blattspinat waschen und trocknen. Den Lachs waschen, trocknen und nach Geschmack mit Salz, Pfeffer und Zitronensaft würzen.

2. Die Schalotte und Knoblauchzehe abziehen und in feine Würfel schneiden.

3. Das Öl in einer Pfanne erhitzen und den Lachs von jeder Seite 1 Minute scharf anbraten. Den Blattspinat mit den Schalotten- und Knoblauchwürfeln hinzufügen und bei mittlerer Hitze und mit geschlossenem Deckel weitere 3 Minuten garen lassen.

4. Dann die Gemüsebrühe hinzufügen, nach Geschmack mit Salz und Pfeffer würzen und noch 2 Minuten ziehen lassen.

5. In der Zwischenzeit den Magerquark mit dem Sahnemeerrettich vermengen und nach Belieben mit Salz, Pfeffer, Kräutern und Zitronensaft würzen. Alles zusammen anrichten und genießen.

Zutaten

125 g Lachsfilet
300 g Blattspinat
80 g Magerquark
1 Schalotte
1 TL Sahnemeerrettich, mild
1 TL Öl
0,5 Knoblauchzehe
30 ml Gemüsebrühe

Gewürze

Salz
Pfeffer
Kräuter, nach Wahl
Zitronensaft

 441 kcal 12 % 40 % 48 % 8 g

Kabeljaufilet mit Tomaten und Petersilie

Zubereitung

1. Den Fisch mit Zitronensaft, Salz und Pfeffer würzen und beiseitelegen.

2. Die Tomaten würfeln.

3. Die Zwiebel und Knoblauchzehe abziehen und ebenfalls würfeln.

4. Das Öl in einer Pfanne erhitzen, den Fisch von beiden Seiten 3 Minuten anbraten und dann herausnehmen und warm stellen.

5. In dieselbe Pfanne die Zwiebel- und Knoblauchwürfel geben und ca. 2 Minuten andünsten.

6. Dann die Tomatenwürfel mit dem Essig, Honig und der Petersilie hinzufügen und alles nach Geschmack mit Salz und Pfeffer würzen.

7. Den Fisch mit dem Pfanneninhalt auf einem vorgewärmten Teller anrichten und servieren.

Zutaten

250 g Kabeljaufilet
5 Tomaten
0,5 Zwiebel
0,5 Knoblauchzehe
2 EL Petersilie, gehackt
2 TL Öl
1 TL Weißweinessig
0,5 TL Honig

Gewürze

Salz
Pfeffer
1 TL Zitronensaft

Fisch hat mehr Aromen...
...wenn die Serviertemperatur nicht über 48 Grad liegt.

Salatröllchen mit Garnelen, Kohlrabi und Kürbiskerndip

Zubereitung

1. Die Garnelen in einer beschichteten Pfanne bei mittlerer Hitze ca. 3 Minuten anbraten. Mit Knoblauch, Salz und Pfeffer abschmecken.

2. In der Zwischenzeit in einer Schüssel den Hüttenkäse mit der sauren Sahne, dem Limettenabrieb, Schnittlauch und Limettensaft gut vermischen. Die Kürbiskerne hacken, dazu geben und alles mit Salz und Pfeffer abschmecken.

3. Den Kohlrabi und die Radieschen in Streifen schneiden.

4. Die Salatblätter auf einer Arbeitsplatte auslegen und das untere Drittel mit den Garnelen, dem Dip und dem Gemüse belegen. Die Seiten nach Innen klappen, mit etwas Druck zu kleinen Röllchen drehen und servieren.

Zutaten

150 g Garnelen, küchenfertig
7 Blätter Kopfsalat
6 EL Hüttenkäse, fettarm
3 EL saure Sahne, 10 % Fett
1 Kohlrabi
7 Radieschen
2 EL Kürbiskerne
1 TL Limettensaft

Gewürze

Salz
Pfeffer
Schnittlauch, geschnitten
Limettenabrieb
Knoblauch

Trotz ihrer kleinen Größe befinden sich in Kürbiskernen...
...zahlreiche Vitamine. Das enthaltene Vitamin E gilt aufgrund seiner antioxidativen Wirkung als besonders wertvoll.

Forellenfilet mit Kartoffelsalat

Zubereitung

1. Die Kartoffeln waschen und in kochendem Salzwasser ca. 25-30 Minuten kochen. Dann mit kaltem Wasser abspülen, pellen und in Scheiben schneiden.

2. In der Zwischenzeit die Zwiebel schälen und sehr fein würfeln.

3. Das Öl in einem Topf erhitzen, die Zwiebelwürfel 2 Minuten anbraten und dann mit der Gemüsebrühe ablöschen. Den Senf und Weißweinessig hinzufügen, kurz aufkochen lassen und mit Salz und Pfeffer abschmecken.

4. Den Topfinhalt über die Kartoffelscheiben gießen und 60 Minuten ziehen lassen.

5. Den Kartoffelsalat mit dem Forellenfilet anrichten und mit Schnittlauch garniert servieren.

Zutaten

225 g Kartoffeln
175 g Forellenfilet, geräuchert
75 ml Gemüsebrühe
0,5 Zwiebel
1 EL Weißweinessig
0,5 TL Senf, mittelscharf
1 TL Öl
1 EL Schnittlauch, geschnitten

Gewürze

Salz
Pfeffer

Die Forellen eignen sich aufgrund der Nährstoffe...
...hervorragend für eine gesunde Low-Carb Ernährung im Sportbereich, denn sie besitzen einen hohen Eiweißgehalt, einen geringen Fettanteil und keine Kohlenhydrate.

486 kcal   33 %   39 %   28 %   6 g

Spaghetti mit Krabben, Tomaten und Pesto

Zubereitung

1. Die Vollkornspaghetti nach Packungsangaben zubereiten.

2. Die Zwiebel und Knoblauchzehe abziehen und in kleine Würfel schneiden.

3. Die Kirschtomaten vierteln.

4. Das Öl in einer Pfanne erhitzen und die Krabben mit den Zwiebel- sowie Knoblauchwürfeln 2 Minuten anbraten.

5. Die Kirschtomaten mit dem Pesto, Zitronensaft, Zitronenabrieb und Frischkäse in die Pfanne geben, bei niedriger Hitze noch 3 Minuten garen lassen und dabei regelmäßig umrühren.

6. Die Vollkornspaghetti abgießen, mit dem Pfanneninhalt anrichten und mit den geschnittenen Basilikumblättern garniert servieren.

Zutaten

60 g Vollkornspaghetti
100 g Krabben, küchenfertig
40 g Frischkäse, 5 % Fett
200 g Kirschtomaten
1 TL Pesto, grün
0,5 Zwiebel
0,5 Knoblauchzehe
1 TL Rapsöl

Gewürze

Salz
Pfeffer
1 EL Basilikumblätter
Zitronenabrieb
1 TL Zitronensaft

Nudelwasser kocht schneller...
...wenn das Salz erst nach dem Kochen hinein getan wird.

Kabeljau mit Reis, Linsen und Spinat

Zubereitung

1. Den Reis und die Berglinsen nach Anleitung zubereiten und anschließend abgießen.

2. Den Fisch mit Zitronensaft, Salz, Pfeffer und den grob gemahlenen Senfkörnern würzen. Die Schalotte und Knoblauchzehe abziehen und klein würfeln.

3. Das Öl in einer Pfanne erhitzen und das Kabeljaufilet von jeder Seite 1 Minute scharf anbraten. Dann die Schalotten- und Knoblauchwürfel dazu geben und bei mittlerer Temperatur und geschlossenem Deckel 2 Minuten weiterbraten.

4. Den Spinat und die Gemüsebrühe hinzufügen und noch ca. 2 Minuten garen lassen, bis der Spinat eingefallen ist. Nach Geschmack mit Salz und Pfeffer würzen.

5. Den Reis mit den Linsen vermischen und anrichten. Den Pfanneninhalt darüber geben, noch einmal abschmecken und servieren.

Zutaten

200 g Kabeljaufilet
40 g Vollkornreis
30 g Berglinsen, Dose
150 g Blattspinat
1 Schalotte
1 TL Öl
0,5 Knoblauchzehe
30 ml Gemüsebrühe
1 TL Zitronensaft

Gewürze

Salz
Pfeffer
Senfkörner

Kokosnusssuppe mit Peperoni und Garnelen

Zubereitung

1. Die Frühlingszwiebeln putzen und in Ringe schneiden. Die Hälfte der grünen Ringe zum Garnieren beiseitelegen.

2. Die Peperoni und Paprika entstielen, entkernen, waschen und klein schneiden.

3. Den Knoblauch abziehen und klein würfeln.

4. Das Öl in einem Topf erhitzen und die Frühlingszwiebelringe mit den Ingwer- und Knoblauchwürfeln sowie den Peperoni- und Paprikastücken ca. 3 Minuten anbraten. Dann mit der Brühe auffüllen und ca. 10 Minuten köcheln.

5. Anschließend fein pürieren.

6. Die Garnelen mit der Kokosmilch und dem Limettensaft dazugeben und 5 Minuten ziehen lassen.

7. Mit Salz, Pfeffer und Cayennepfeffer nach Belieben abschmecken und mit den restlichen Frühlingszwiebelringen garniert servieren.

Zutaten

200 ml Gemüsebrühe
75 ml Kokosmilch, 9 % Fett
275 g Garnelen, küchenfertig
1 TL Ingwer, gehackt
2 Frühlingszwiebeln
1 Peperoni, mild
0,5 Paprika, rot
0,5 Knoblauchzehe
1 TL Öl
1 TL Limettensaft

Gewürze

Salz
Pfeffer
Cayennepfeffer

411 kcal

9 %

53 %

38 %

3 g

Hähnchenbrust mit Zoodles und Paprika

Zubereitung

1. Die Zucchini längs in dünne Streifen schneiden (wenn vorhanden mit einem Julienne-Schäler). Das Hähnchenbrustfilet ebenfalls in Streifen schneiden.

2. Die Schalotte abziehen und klein würfeln.

3. Die Paprika entkernen, waschen und längs in dünne Streifen schneiden.

4. Das Öl in einer Pfanne erhitzen und die Fleischstücke 1 Minute scharf anbraten. Die Schalottenwürfel, Paprikastreifen und Zitronengraspaste hinzufügen und weitere 3 Minuten braten.

5. Zum Schluss die Zucchininudeln mit der Petersilie, dem Limettensaft, Frischkäse und etwas Gemüsebrühe hinzufügen und noch 2 Minuten dünsten. Dann mit Salz, Pfeffer und Curry abschmecken und servieren.

Zutaten

250 g Hähnchenbrustfilet
300 g Zucchini
1 Paprika, rot
0,5 Schalotte
30 g Frischkäse, 5 % Fett
0,5 TL Zitronengraspaste
1 EL Öl
1 TL Petersilie, gehackt

Gewürze

Salz
Pfeffer
Curry
Limettensaft
Gemüsebrühe, gekörnt

Die Hähnchenbrust bleibt schön saftig, wenn...
...sie vor dem Braten in warmes Salzwasser gelegt wird.

Kichererbseneintopf mit Geflügel, Tomaten und Rosmarin

Zubereitung

1. Das Fleisch in mundgerechte Stücke schneiden. Die Kichererbsen in einem Sieb abspülen und abtropfen lassen.

2. Die Zwiebel und Knoblauchzehe abziehen und klein würfeln.

3. Die Möhre schälen und grob raspeln.

4. Vom Rosmarinzweig die Nadeln abzupfen und ein Teil zum Garnieren zurücklegen.

5. Das Öl in einem Topf erhitzen und die Fleischstücke mit den Zwiebel- und Knoblauchwürfeln ca. 3 Minuten anbraten. Dann die Möhrenraspeln und Rosmarinnadeln dazugeben und mit der Brühe auffüllen. Anschließend die Kichererbsen und Tomaten hinzufügen und alles ca. 10 Minuten köcheln lassen.

6. Mit Salz, Pfeffer und Cumin nach Geschmack würzen und mit den restlichen Rosmarinnadeln garniert servieren.

Zutaten

300 ml Gemüsebrühe
175 g Putenbrust
150 g Tomaten, Dose
100 g Kichererbsen, Dose
1 Möhre
0,5 Zwiebel
0,5 Knoblauchzehe
1 TL Öl
1 Rosmarinzweig

Gewürze

Salz
Pfeffer
Cumin

Hähnchenfilet mit Curryreis, Paprika, Erbsen und Frühlingszwiebeln

Zubereitung

1. Den Reis nach Anleitung zubereiten.

2. Das Fleisch in mundgerechte Stücke schneiden und beiseitelegen.

3. Die Paprika entstielen, waschen und klein würfeln.

4. Die Frühlingszwiebel in kleine Ringe schneiden. Die Hälfte des Öls in einer Pfanne erhitzen, die Fleischstücke ca. 3 Minuten scharf anbraten, dabei regelmäßig umrühren und dann zugedeckt warm stellen.

5. In einem Topf das restliche Öl erhitzen und die Zwiebelringe mit den Paprikawürfeln und Erbsen ca. 2 Minuten andünsten. Dann den Reis und das Currypulver dazugeben und zwei weitere Minuten ziehen lassen.

6. Mit Salz, Pfeffer und Zitronensaft würzen und mit Petersilienblättchen garniert servieren.

Zutaten

150 g Hähnchenfilet
50 g Naturreis
50 g Erbsen, TK
0,5 Paprika, rot
1 Frühlingszwiebel
2 TL Öl
1 TL Zitronensaft
0,5 TL Curry

Gewürze

Salz
Pfeffer
Petersilienblättchen

Der unpolierte Naturreis wird auch als Vollkornreis oder...
...brauner Reis bezeichnet. Naturreis gehört zu den gehaltvollsten und hochwertigsten Reissorten, da er unbehandelt und ungeschält im Supermarkt zu kaufen ist.

Hühnersuppe mit Paprika, Kartoffel und Thymian

Zubereitung

1. Das Fleisch in Streifen schneiden.

2. Die Kartoffel schälen, waschen und grob würfeln.

3. Die Paprika entkernen, waschen und ebenfalls in Streifen schneiden.

4. Die Schalotte abziehen und würfeln.
   Das Öl in einem Topf erhitzen und die Fleischstreifen mit den Schalottenwürfeln ca. 3 Minuten anbraten.

5. Die Kartoffelwürfel und Paprikastreifen dazu geben, die Brühe auffüllen und ca. 15 Minuten köcheln lassen.

6. Die Suppe mit Salz und Pfeffer nach Belieben würzen und mit Schnittlauch und Thymian garniert servieren.

Zutaten

200 ml Gemüsebrühe
250 g Hähnchenbrustfilet
1 Kartoffel
1 Paprika, rot
1 Schalotte
1 TL Öl
1 TL Schnittlauchringe
1 Thymianzweig

Gewürze

Salz
Pfeffer

Das im Hühnerfleisch enthaltene Zink bekämpft Erreger und...
...stärkt das Immunsystem. Umso länger die Kochzeit, umso kräftiger und schmackhafter wird die Hühnerbrühe.

Buddha Bowl mit Kidneybohnen, Quinoa, Hähnchen und Joghurt-Dip

Zubereitung

1. Den Quinoa nach Packungsanleitung zubereiten.

2. Die Röschen vom Brokkoli trennen und 7 Minuten im Salzwasser kochen.

3. Das Fleisch in einer beschichteten Pfanne auf mittlerer Hitze von jeder Seite 3-4 Minuten anbraten.

4. In der Zwischenzeit den Salat waschen, trocknen und in mundgerechte Stücke zupfen. Die Kidneybohnen und Kichererbsen in einem Sieb unter klarem Wasser abspülen und abtropfen lassen.

5. Die Kirschtomaten halbieren. Die Paprika entkernen und in Streifen schneiden. Die Möhre schälen und in mundgerechte Scheiben schneiden.

6. Alles zusammen anrichten und mit den Kürbiskernen bestreuen.

7. Für das Dressing den Joghurt mit dem Zitronensaft und der Gemüsebrühe in ein Schälchen geben, nach Belieben mit Salz, Pfeffer und frischen Kräutern würzen und verquirlen. Das Dressing mit der angerichteten Buddha-Bowl servieren und genießen.

Zutaten

100 g Hähnchenfilet
50 g Kichererbsen, Dose
50 g Kidneybohnen, Dose
30 g Salat, nach Wahl
0,5 Paprika
30 g Quinoa
50 g Brokkoli
5 Kirschtomaten
1 Möhre
1 EL Kürbiskerne

Dressing

2 EL Joghurt, 1,5 % Fett
1 TL Zitronensaft
1 EL Kräuter
2 EL Gemüsebrühe

Gewürze

Salz
Pfeffer

Rinderstreifen mit Paprika und Zwiebeln

Zubereitung

1. Das Rinderfilet (alternativ geht auch Rinderhüfte) in Streifen schneiden. Den Knoblauch abziehen und fein würfeln.

2. Die Chilischote entkernen und fein würfeln.

3. Die Sojasoße mit dem Limettensaft, Honig, Öl sowie den Knoblauch- und Chiliwürfeln in eine Schale geben, mit Salz und Pfeffer würzen und gut verrühren. Die Rindfleischstreifen in der Marinade einlegen und 10 Minuten ziehen lassen.

4. In der Zwischenzeit die Paprika in Streifen und die Zwiebel in Scheiben schneiden.

5. Eine beschichtete Pfanne erhitzen und die Rinderstreifen mit der Marinade 3 Minuten scharf anbraten. Dann heraus nehmen und warm stellen. Das Gemüse mit der gekörnten Rinderbrühe und dem Paprikamark hinzufügen und 6-8 Minuten köcheln lassen. Dabei regelmäßig umrühren und mit Salz, Pfeffer und Paprikapulver würzen.

6. Zum Schluss die Rinderstreifen hinzufügen und die fertige Rinderpfanne servieren.

Zutaten

200 g Rinderfilet
1 Paprika, rot
1 Paprika, grün
0,5 Zwiebel
0,25 Knoblauchzehe
0,5 Chilischote, mild
1 EL Sojasauce
1 TL Honig
1 TL Limettensaft
1 TL Öl

Gewürze

Salz
Pfeffer
0,5 TL Rinderbrühe, gekörnt
1 TL Paprikamark
Paprikapulver

Chili con Carne Salat mit Rinderhack, Paprika, Bohnen und Mais

Zubereitung

1. Die Zwiebel und Knoblauchzehe abziehen und fein würfeln.

2. Die Paprika entkernen, waschen und in Würfel schneiden.

3. Die Tomaten vierteln, das Fruchtfleisch entnehmen und in ein Schälchen geben. Den Rest in kleine Stücke schneiden.

4. Das Rapsöl in einer Pfanne erhitzen und die Zwiebel- und Knoblauchwürfel 1 Minute anbraten. Das Rinderhack hinzufügen und 4 Minuten weiterbraten, bis das Fleisch seine Farbe verloren hat. Dabei regelmäßig mit einer Gabel umrühren und nach Belieben mit Salz, Pfeffer, Paprikapulver und Chili würzen.

5. Zum Schluss das Fruchtfleisch der Tomaten und das Tomatenmark hinzufügen und noch etwas köcheln lassen.

6. Den Mais und die Kidneybohnen in einem Sieb abspülen und abtropfen lassen.

7. Das Rinderhack mit den Paprika- und Tomatenstücken, dem Mais und den Kidneybohnen in eine Schale geben, vermischen und servieren.

Zutaten

200 g Rinderhackfleisch, mager
1 Paprika, grün
2 Tomaten
2 EL Mais, Dose
2 EL Kidneybohnen, Dose
0,5 rote Zwiebel
0,5 Knoblauchzehe
1 TL Rapsöl
1 TL Tomatenmark

Gewürze

Salz
Pfeffer
Paprikapulver
Chilipulver

Eintopf mit Hackfleisch, Paprika, Kidneybohnen, Mais und Erbsen

Zubereitung

1. Die Frühlingszwiebeln in Ringe schneiden.

2. Die Paprika entkernen, waschen und in Stücke schneiden.

3. Die Kidneybohnen zusammen mit dem Mais und Erbsen in einem Sieb abspülen und abtropfen lassen.

4. Das Öl in einer beschichteten Pfanne erhitzen, die Zwiebelringe zusammen mit dem Rinderhackfleisch und den Paprikastücken 5 Minuten anbraten und dabei das Hackfleisch regelmäßig umrühren.

5. Dann die restlichen Zutaten hinzufügen, alles mit den Gewürzen abschmecken und noch 5 bis 10 Minuten köcheln lassen.

6. Den fertigen Eintopf in einem tiefen Teller mit Petersilie garniert servieren.

Zutaten

150 g Rinderhack, mager
2 Frühlingszwiebeln
1 Paprika, rot
100 g Kidneybohnen, Dose
50 g Mais und Erbsen, Dose
100 ml Rinderbrühe
1 EL Tomatenmark
1 TL Zitronensaft
1 TL Rapsöl

Gewürze

Salz
Pfeffer
Ras el Hanout
0,5 TL Paprikapulver
1 EL Basilikum, geschnitten
1 EL Petersilie, gehackt

Wieso haben Paprikas eigentlich so unterschiedliche Farben?
Die Farbe zeigt an, in welcher Reifephase die Paprika geerntet wurde. Voll ausgereifte Schoten sind Orange oder Rot. Sie überzeugen durch ihren aromatischen, leicht süßlichen Geschmack.

489 kcal

34 %

39 %

27 %

15 g

Chinakohleintopf mit Hackfleisch, Frühlingszwiebel und Pastinake

Zubereitung

1. Vom Chinakohl die Blätter abtrennen und den Strunk entfernen. Die Blätter in Streifen schneiden und anschließend waschen.

2. Den Porree und die Frühlingszwiebeln putzen und in Ringe schneiden.

3. Die Knoblauchzehe abziehen und würfeln.

4. Die Pastinake schälen, waschen und grob raspeln.

5. Das Öl in einer tiefen Pfanne erhitzen und das Hackfleisch mit den Porree- und Frühlingszwiebelringen sowie den Knoblauchwürfeln ca. 5 Minuten anbraten. Die Pastinakenraspeln und die Chinakohlstreifen dazugeben und weitere 5 Minuten braten. Die Fleischbrühe, den Frischkäse und Balsamico hinzufügen und alles ca. 10 Minuten köcheln lassen.

6. Abschließend nach Geschmack mit Salz, Pfeffer und Curry würzen.

Zutaten

200 ml Fleischbrühe
250 g Chinakohl
150 g Rinderhackfleisch, mager
100 g Porree
1 Pastinake
2 Frühlingszwiebeln
50 g Frischkäse, 5 % Fett
0,5 Knoblauchzehe
1 TL Rapsöl
1 TL Balsamico, hell

Gewürze

Salz
Pfeffer
Curry

Hackfleischpfanne orientalisch mit Paprika, Pinienkernen und Rosinen

Zubereitung

1. Den Knoblauch abziehen und fein würfeln.

2. Die Paprika entkernen, waschen und in Stücke schneiden.

3. Die Pinienkerne in einer beschichteten Pfanne ohne Öl vorsichtig rösten und beiseitestellen.

4. Das Öl in einer Pfanne erhitzen und die Knoblauchwürfel mit den Paprikastücken 2 Minuten anbraten. Dann das Rinderhackfleisch hinzufügen und weitere 3-4 Minuten braten.

5. Dann die Gewürzmischung Ras el Hanout, die Tomaten, den Ajvar und die Rosinen dazugeben, alles nach Geschmack mit Salz und Pfeffer würzen und weitere 5 Minuten köcheln lassen.

6. Die Hackfleisch- und Gemüsemischung auf einem Teller anrichten, mit den Pinienkernen und der klein geschnittenen Petersilie belegen und mit dem Joghurt garniert servieren.

Zutaten

100 g Rinderhackfleisch, mager
150 g Tomaten, Dose
1 Paprika, rot
2 EL Ajvar
1 EL Joghurt, 1,5 % Fett
1 EL Pinienkerne
1 EL Rosinen
1 TL Rapsöl
0,5 Knoblauchzehe

Gewürze

Salz
Pfeffer
1 TL Ras el Hanout
Petersilie, frisch

Eine Paprika enthält drei Mal so viel Vitamin C wie eine...
...Orange oder eine Zitrone. Paprikas sind daher wahre Booster für unser Immunsystem.

Schweinefleisch süß-sauer mit Ananas, Paprika und Tomaten

Zubereitung

1. Die Paprika entkernen, waschen und in Stücke schneiden. Die Tomaten in Würfel schneiden. Das Schweinefilet in mundgerechte Stücke schneiden.

2. Die Zwiebel abziehen und würfeln.

3. Das Öl in einer Pfanne erhitzen und das Fleisch von allen Seiten 4-5 Minuten scharf anbraten.

4. Die Zwiebelwürfel, Paprikastücke und das Tomatenmark hinzufügen und weitere 3 Minuten anbraten.

5. Die restlichen Zutaten hinzufügen, noch ca. 5 Minuten köcheln lassen und nach Geschmack mit Salz, Pfeffer, Chili, Zitronensaft und Curry würzen und servieren.

Zutaten

150 g Schweinefilet
50 g Ananas in Stücken, Dose
1 Paprika, rot
2 Tomaten
0,5 Zwiebel
1 TL Öl
1 TL Sojasauce
1 TL Tomatenmark
0,5 TL Honig
30 ml Gemüsebrühe

Gewürze

Salz
Pfeffer
0,5 TL Curry
1 TL Zitronensaft
Chili

Die Ananas liefert Kalzium, Magnesium, Jod, Vitamin C, Biotin...
...und Vitamin E. Daher stärkt sie das Immunsystem und wirkt sich auch positiv bei Fieber und Erkältungskrankheiten aus.

442 kcal   45 %   40 %   15 %   13 g   Abendessen   185

Gemüseragout

Zubereitung

1. Die Kartoffeln, Möhren und Zwiebel schälen und würfeln. Die Kirschtomaten ebenfalls würfeln.

2. Die Paprika entkernen, waschen und in Würfel schneiden.

3. Den Lauch waschen und in Scheiben schneiden. Das Öl in einem Topf erhitzen und die Zwiebelwürfel 1 Minute anbraten. Mit der Gemüsebrühe ablöschen, die Kartoffeln dazugeben und zugedeckt ca. 10 Minuten köcheln.

4. Die Möhrenwürfel dazugeben und nach weiteren 5 Minuten die Paprika- und Tomatenwürfel sowie Lauchringe hinzufügen. Alles mit Salz und Pfeffer würzen und noch 4 Minuten zugedeckt köcheln lassen.

5. Den Schmand mit dem Tomatenmark und Mehl verrühren, in das Gemüse einrühren und noch 2 Minuten köcheln lassen.

6. Abschließend mit Petersilie und Rosmarin garnieren und servieren.

Zutaten

150 g Möhren
150 g Paprika, gelb
150 g Lauch
150 g Kartoffeln
100 g Kirschtomaten
1 TL Tomatenmark
1 EL Vollkornmehl
250 ml Gemüsebrühe
40 g Schmand
0,5 Zwiebel
1 TL Öl

Gewürze

Salz
Pfeffer
Petersilie
Rosmarin

Aubergine mit Käse und Tomaten überbacken

Zubereitung

1. Den Backofen auf 180 °C Ober-/Unterhitze vorheizen.

2. Die Zwiebel und Knoblauchzehe abziehen und fein würfeln. Die Oliven halbieren.

3. Die Tomaten in kleine Würfel schneiden.

4. Das Öl in einer Pfanne erhitzen und Zwiebel- und Knoblauchwürfel 2 Minuten anbraten. Die passierten Tomaten, Tomatenwürfel, Olivenhälften und das Tomatenmark hinzufügen, nach Geschmack mit Salz, Pfeffer, Oregano und Basilikum würzen und 5 Minuten köcheln lassen.

5. Die Auberginenscheiben mit der Tomatensauce in eine Auflaufform geben, mit dem Streukäse bedecken und für ca. 25 Minuten in den Ofen geben, bis der Käse goldbraun geworden ist.

Zutaten

1 Aubergine
5 Tomaten
70 g ger. Gouda, light
100 ml Tomaten, passiert
1 TL Tomatenmark
1 TL Öl
0,5 Knoblauchzehe
5 Oliven, grün
0,5 Zwiebel

Gewürze

Salz
Pfeffer
Oregano
Basilikum

Tomaten werden am besten getrennt von anderem Gemüse...
...und Obst gelagert. Die roten Früchte enthalten Ethen, welches den Reifeprozess der umliegenden Früchte beschleunigt.

Gemüsepfanne mit Möhren, Kürbis, grünen Bohnen und Zucchini

Zubereitung

1. Die Kartoffeln schälen und würfeln. Die Möhren putzen und in Stücke schneiden.

2. Die Enden der Bohnen abschneiden.

3. Die Zucchini halbieren und in Scheiben schneiden. Die Schalotte abziehen und würfeln.

4. Den Kürbis halbieren, entkernen und in Stücke schneiden.

5. Das Öl in einem Topf erhitzen und die Zwiebel- und Kartoffelwürfel mit den Möhrenstücken 3 Minuten anbraten. Mit der Gemüsebrühe ablöschen und alles 15 Minuten unter ständigem Rühren köcheln lassen.

6. Nach 5 Minuten die Zucchini- und Kürbisstücke sowie die Bohnen hinzufügen und nach Geschmack mit Salz, Pfeffer, Oregano und Bohnenkraut würzen. Bei Bedarf noch Gemüsebrühe nachgießen.

7. Die fertige Kartoffel-Gemüsepfanne servieren.

Zutaten

200 g Kartoffeln
200 g Kürbis
100 g grüne Bohnen
100 g Zucchini
1 Schalotte
2 Möhren
1,5 EL Öl
150 ml Gemüsebrühe

Gewürze

Salz
Pfeffer
Oregano
Bohnenkraut

Kichererbsencurry – Chana Masala

Zubereitung

1. Die Kichererbsen in einem Sieb abspülen und abtropfen lassen.

2. Die Frühlingszwiebel putzen und in Ringe schneiden.

3. Den Knoblauch abziehen und in feine Würfel schneiden. Die Tomaten in Stücke schneiden.

4. Das Öl in einer Pfanne erhitzen und die Zwiebel- und Knoblauchwürfel zusammen mit den Gewürzen 1 Minuten scharf anbraten. Danach den geriebenen Ingwer dazu geben.

5. Die Tomatenstücke, Kichererbsen und Gemüsebrühe dazugeben und alles 5-10 Minuten köcheln lassen. Dabei regelmäßig umrühren.

6. Das Kichererbsencurry mit dem Joghurt und etwas Basilikum garniert servieren.

Zutaten

250 g Kichererbsen, Dose
3 Tomaten
1 Frühlingszwiebel
0,5 Zwiebel
50 ml Gemüsebrühe
1 Knoblauchzehe
3 EL Joghurt, 1,5 % Fett
0,5 TL Ingwer, gerieben
1 TL Rapsöl

Gewürze

0,5 TL Garam Masala
0,25 TL Kurkuma
0,5 TL Kreuzkümmel
0,5 TL Koriander
0,25 TL Chilipulver

Ingwer: Schmerzlindernd und entzündungshemmend
Als Ingwertee oder Ingwerwasser ideal bei Erkältungen. Ingwer stärkt das Immunsystem, kurbelt den Stoffwechsel an und hilft sogar bei Übelkeit und Erbrechen.

Griechischer Salat mit Tomaten, Gurken, Oliven, Paprika und Feta

Zubereitung

1. Die Zwiebel abziehen und in Scheiben schneiden.

2. Den Salat waschen und trocken. Die Tomaten vierteln.

3. Die Gurke halbieren und in Scheiben schneiden. Die Paprika entkernen und in kleine Stücke schneiden.

4. Den Feta in Würfel schneiden.

5. Das Gemüse mit dem Feta und den halbierten Oliven anrichten.

6. Für das Dressing die Gemüsebrühe mit dem Öl, Balsamico und den Kräutern in ein Schälchen geben, nach Geschmack mit Salz und Pfeffer würzen und gut verrühren.

7. Das Dressing über den Salat gießen und servieren.

Zutaten

80 g Feta, 8,5 % Fett
50 g Salat, nach Wahl
0,25 Zwiebel, rot
5 Strauchtomaten
0,5 Gurke
0,5 Paprika, rot oder gelb
6 schwarze Oliven

Dressing

1 EL Öl
1 EL Balsamico
3 EL Gemüsebrühe
1 TL Kräutermix, TK

Gewürze

Salz
Pfeffer

Oliven: Reich an antientzündlichen, ungesättigten Fettsäuren
Sie normalisieren den Cholesterinspiegel, beugen koronare Herzkrankheiten vor und können somit das Risiko für einen Herzinfarkt oder Schlaganfall senken.

Auflauf mit Hackfleisch, Feta, Paprika, Tomaten und Zucchini

Zubereitung

1. Den Backofen auf 200 °C Ober-/Unterhitze vorheizen.

2. Die Zwiebel und Knoblauchzehe abziehen und in Würfel schneiden.

3. Die Tomaten in Würfel schneiden.

4. Die Zucchini in Scheiben schneiden. Die Paprika entkernen, waschen und in Würfel schneiden.

5. Das Öl mit dem Ajvar in einer Pfanne erhitzen und die Zwiebel-, Knoblauch- und Paprikawürfel mit dem Hackfleisch 5 Minuten anbraten und dabei regelmäßig umrühren. Nach Geschmack mit Salz, Pfeffer, italienischen Kräutern und Chilipulver würzen.

6. Zum Schluss die Gemüsebrühe mit den Tomatenwürfeln und dem Frischkäse hinzufügen und alles gut verrühren.

7. Die Zucchinischeiben in einer Auflaufform verteilen, die Hackfleischpfanne darüber geben und darüber den Feta zerbröseln.

8. Den Auflauf für 30 Minuten in den Backofen schieben und anschließend servieren.

Zutaten

120 g Rinderhackfleisch, mager
40 g Feta, 9 % Fett
50 ml Gemüsebrühe
1 Paprika, rot
70 g Frischkäse, 5 % Fett
0,5 Zucchini
6 Kirschtomaten
0,5 Zwiebel
0,5 Knoblauchzehe
1 TL Öl
1 TL Ajvar

Gewürze

Salz
Pfeffer
Chili
italienische Kräuter

Brokkoli-Auflauf mit Alaska Seelachs und Mozzarella

Zubereitung

1. Den Backofen auf 200 °C Ober-/Unterhitze vorheizen.

2. Den Alaska Seelachs in Streifen schneiden, mit dem Zitronensaft begießen und mit Salz und Pfeffer würzen.

3. Die Röschen vom Brokkoli trennen, waschen und für 4 Minuten in kochendes Salzwasser geben.

4. Die Gemüsebrühe mit dem Frischkäse in einen Topf geben, kurz aufkochen, nach Geschmack mit Salz, Pfeffer und Curry würzen und cremig rühren.

5. Die fertige Sauce in die Auflaufform geben. Darauf die Brokkoliröschen und Seelachsstreifen verteilen und nach Geschmack mit Salz, Pfeffer und Curry würzen.

6. Zum Schluss den Mozzarella verteilen und den Auflauf für 30 Minuten in den Backofen geben.

7. Abschließend den Auflauf herausnehmen und mit Petersilie garniert servieren.

Zutaten

250 g Alaska Seelachs
300 g Brokkoli
100 ml Gemüsebrühe
25 g Frischkäse
75 g ger. Mozzarella, 8,5 % Fett
1 EL Zitronensaft

Gewürze

Salz
Pfeffer
Curry
Petersilie

479 kcal   13 %   61 %   26 %   10 g   Abendessen | 199

Auberginenauflauf mit Hackfleisch und Mozzarella

Zubereitung

1. Den Backofen auf 200 °C Ober-/Unterhitze vorheizen. Die Aubergine in fingerdicke Scheiben schneiden, auf ein mit Backpapier belegtes Blech legen, salzen und im Backofen von beiden Seiten 5 Minuten grillen. Sie sind gut, wenn die Auberginenscheiben Farbe annehmen.

2. Die Zwiebel und Knoblauchzehe abziehen und in kleine Würfel schneiden. Eine beschichtete Pfanne erhitzen und das Hackfleisch ohne Öl mit den Zwiebel- und Knoblauchwürfeln 3 Minuten anbraten und dabei regelmäßig umrühren.

3. Die Tomaten und das Tomatenmark hinzufügen, alles mit Salz, Pfeffer, Oregano und Basilikum würzen und 5 Minuten auf niedriger Stufe offen einkochen lassen. Regelmäßig mit einer Gabel umrühren und die Tomaten mit der Gabel zerdrücken.

4. Den Mozzarella in dünne Scheiben schneiden. Die Hälfte vom Tomaten-Hackfleisch-Gemisch in eine Auflaufform geben, darauf die Hälfte der Auberginenscheiben verteilen und das ganze noch einmal wiederholen. Anschließend den Auflauf mit Parmesan bestreuen und Mozzarellascheiben belegen. Den Auflauf für 15 Minuten in den Backofen geben.

Zutaten

1 Aubergine
240 g Tomaten, Dose
150 g Rinderhackfleisch, mager
65 g Mozzarella, 8,5 % Fett
0,5 Zwiebel
1 EL Parmesan, gerieben
1 TL Tomatenmark
0,5 Knoblauchzehe
1 EL Basilikum, geschnitten

Gewürze

Salz
Pfeffer
Oregano

Je mehr Sie von diesen Erfolgstipps umsetzen, desto sicherer erreichen Sie ihr Abnehmziel. Sie entscheiden dabei, welche Tipps zu ihnen passen und welche Sie umsetzen. Denn nur wenn Sie diese Tipps dauerhaft beibehalten, wird sich dauerhaft etwas verändern. Es ist dabei wie mit der Ernährung. Rezepte, die ihnen nicht schmecken, werden Sie nicht ewig essen.

DIE BESTEN TIPPS FÜR EINE GUTE UND LANG ANHALTENDE MOTIVATION

Sie wissen sicherlich wie man sich gut und gesund ernährt. Dieses Wissen alleine ist jedoch nicht ausreichend für eine Ernährungsumstellung. Abnehmer scheitert eher an der fehlenden Konsequenz im Alltag. Deswegen ist eine starke Motivation ein guter Erfolgsgarant. Erfahren Sie nun was Sie tun können, damit es von Anfang an rund läuft.

ENTWICKELN SIE EINE VISION UND SCHREIBEN SIE DIESE AUF

Die visuelle Vorstellung was Sie wieder alles tun werden, wenn Sie ihr Wunschgewicht erreicht haben, ist ein sehr starker Motivationshebel. Hier zwei Beispiele: „Wenn ich wieder in mein schönes Abendkleid passe, möchte ich beschwingt und frei über die Tanzfläche schweben." Oder „Wenn ich meine Sommerfigur erreicht habe, möchte ich leicht und locker am Strand laufen."

Wie ihr Zielgewicht, sollten Sie auch ihre Vision aufschreiben und ein klares Bild davon haben. Rufen Sie diese Vorstellung regelmäßig ab. Vor allem wenn Sie in Situationen kommen, die Sie von ihrem Ziel abbringen. Allein die Vorstellung, wie Sie ihre Vision erreichen, gibt ihnen Kraft auftretende Schwierigkeiten erfolgreich zu überwinden. Vielleicht haben Sie ein altes Foto zur Hand, auf dem Sie erkennbar schlanker sind? Oder eines, das Sie mit ihrem aktuellen Gewicht zeigt und das Sie gar nicht mögen? Beides kann Sie motivieren, an ihrem Vorhaben festzuhalten.

SETZEN SIE SICH ETAPPENZIELE UND AKTIVIEREN IHR BELOHNUNGSSYSTEM

Wenn eine bessere Gesundheit und eine bessere Figur als Anreiz zum Abnehmen nicht ausreichen, dann überlegen Sie sich Belohnungen, die Sie wirklich anspornen. Warten Sie vor allem nicht mit der Belohnung bis Sie ihr Abnehmziel erreicht haben. Belohnen Sie sich schon, wenn Sie an den ersten Etappenzielen angekommen sind. So können Sie sich z. B. einen Geldbetrag überlegen, den Sie für jedes erreichte Etappenziel für Shoppen,

Wellnessmassagen oder andere schöne Dinge ausgeben. Ein tägliches Eigenlob für die kleinen Erfolge zeigt ebenfalls gute Wirkung. Wenn Sie kleinere Tagesziele geschafft haben, klopfen Sie sich dafür auf die Schulter.

SPÜREN SIE IHRE POSITIVEN ERLEBNISSE AUF

Je mehr Positives Sie während ihrer Gewichtsabnahme erleben, desto eher bleiben Sie am Ball. Spüren Sie daher diese positiven Erlebnisse auf und machen sich diese bewusst. Wie z. B. das vitale Gefühl, dass Sie nach einer leichten und gesunden Mahlzeit haben. Im Gegensatz zu dem Trägheitsgefühl nach einer üppigen Fast-Food-Mahlzeit.
Halten Sie sich diese positiven Erlebnisse stets vor Augen und programmieren so ihr Unterbewusstsein um. Automatisch fällt dann in Zukunft öfter die Entscheidung für die gesündere und leichtere Variante.

ÜBERFORDERN SIE SICH NICHT

Überforderung ist der Motivationskiller Nummer 1 und eine der häufigsten Ursachen für das Scheitern neuer Vorhaben. Vor allem unrealistische Erwartungen setzten Sie stark unter Stress. So werden Sie mehr Niederlagen als Erfolgserlebnisse sammeln. Dann ist es nur noch eine Frage der Zeit, wann Sie das Handtuch werfen.

Auch sehr strenge Ziele wie „ab morgen esse ich keine Süßigkeiten und Fast Food und trinke keinen Alkohol mehr" sind unrealistisch und zum Scheitern vorprogrammiert. Ebenso ist das tägliche Wiegen ein häufiger Motivationskiller. Wiegen Sie sich am besten nur einmal die Woche, immer am gleichen Tag, zur gleichen Zeit und mit der gleichen Kleidung oder unbekleidet. Tragen Sie das Gewicht in eine Tabelle ein und verfolgen den Verlauf über Wochen. Ansonsten machen Sie sich nur verrückt.

SUCHEN SIE SICH UNTERSTÜTZUNG

Viele Menschen scheitern, weil Sie zu wenig Unterstützung bekommen. Leichter wird es, wenn Sie sich Abnehmpartner suchen. Zu zweit oder in der Gruppe motivieren Sie sich gegenseitig und halten länger durch.

Auch Freunde und Bekannte können Sie in ihr Projekt einbeziehen. Je mehr Menschen Sie einbinden, desto mehr Zeugen und Verbündete haben Sie. Reagieren Sie dann aber nicht genervt, wenn diese ihre Pflicht tun und Sie an ihre Absichten erinnern.

HALTEN SIE NICHT MIT IHREN ERFOLGEN HINTERM BERG

Machen Sie ihren Erfolg nicht nur an ihrem Gewicht fest. Auch wenn die Klamotten nicht mehr so eng sind, die Konturen im Spiegel besser werden, mehr Vitalität in ihr Leben kommt, sollten Sie sich darüber freuen. Sie werden merken, dass Sie sich gleich wohler fühlen.

MIT POSITIVEM DENKEN ZUM ERFOLG

Freuen Sie sich über jeden kleinen Fortschritt und blenden dabei negative Emotionen aus. Ein schlechtes Gewissen wegen sporadischer Abweichungen quält bloß und lähmt. Nehmen Sie es leicht und gehen dann wieder entspannt und konzentriert an ihr Projekt. Dick wird man nicht an einem Tag – und schlank auch nicht.

Trainieren Sie ihr Zentrum für positive Erlebnisse beim Genuss gesunder Mahlzeiten. Speichern Sie diese in ihrem Unterbewusstsein ab und ihre Chancen, die neu gewonnenen Gewohnheiten dauerhaft beizubehalten, steigen enorm.

KEINE ABSOLUTEN VERBOTE

Für eine dauerhaft gute Motivation sollten alle Lebensmittel erlaubt sein. Auch die ungesunden und dick machenden, solange Sie maßvoll damit umgehen. Dann bitte ohne schlechtes Gewissen! Halten Sie sich an ihren Plan und wenn Sie ab und zu Ausnahmen machen, ist das völlig in Ordnung. Es ist für ihre langfristige Motivation wichtig, dass Sie ihre Lieblingsspeisen ohne schlechtes Gewissen genießen können. Lernen Sie einen gesunden Umgang damit und verlieren dabei nicht das Maß. Eine Möglichkeit für diese "kleinen Auszeiten" ist der Cheatday. Gönnen Sie sich einmal in der Woche einen Tag, an dem Sie ihre Lieblingsspeisen genießen. Das sollte aber nicht in Völlerei ausarten.

HABEN SIE SPAß BEIM ABNEHMEN

In vielen Köpfen herrscht noch immer der Glaubenssatz, dass Abnehmen eine Quälerei ist. Dadurch wird das Abnehmen negativ belegt und viele Menschen bekommen regelrecht Angst davor. Genuss und Abnehmen ist aber kein Widerspruch. Es funktioniert. Mit diesem Plan werden Sie es erleben.

Die besten
VERHALTENS-TIPPS

Regelmäßiges Tappen in Essfallen, unbewusstes oder falsches Essen bringen schnell zusätzliche Pfunde auf die Waage. Spüren Sie daher ihre persönlichen Essfallen auf und eliminieren Sie diese aus ihrem Leben.

GEHEN SIE CLEVER EINKAUFEN

Achten Sie darauf nicht hungrig einkaufen zu gehen. Dabei landet automatisch viel mehr in ihrem Einkaufskorb. Nämlich alles, worauf Sie gerade Appetit haben. Notlösungen sind etwas Rohkost wie eine Möhre, ein Apfel oder ein Glas Mineralwasser. Das hemmt den Appetit.

LERNEN SIE IHR ESSEN WIEDER ZU GENIEßEN

Es sind nicht die seltenen Ausnahmen, die sich negativ auf ihr Gewicht und ihre Gesundheit auswirken, sondern regelmäßige Ausschweifungen. Genießen Sie bewusst. Ein Stück Schokolade kann für eine Minute oder länger im Mund bleiben und schmeckt dabei zunehmend intensiver. Es entfaltet sich erst nach einiger Zeit ihr volles Aroma.

Stellen Sie den Genuss in den Vordergrund und lassen dabei den Fernseher ausgeschaltet, legen Sie auch das Smartphone in dieser Zeit weg. Konzentrieren Sie sich voll und ganz auf ihre Mahlzeit oder Leckerei. Oft reichen dann schon kleine Mengen, um den Genuss zu befriedigen.

SCHAFFEN SIE SICH GEDÄCHTNISHILFEN

Haben Sie Geduld mit den neuen Gewohnheiten. Schaffen Sie sich Erinnerungshilfen, die ihre Aufmerksamkeit immer wieder auf ihr neues Vorhaben lenken. Wenn Sie z. B. mehr Wasser trinken wollen, dann platzieren Sie ein Glas Wasser immer in Sichtweite, nehmen immer eine kleine Wasserflasche für unterwegs mit, kleben Post-it Zettel mit Erinnerungen an markante Orte, stellen stündlich einen Wecker im Mobiltelefon oder laden sich eine entsprechende App auf ihr Mobiltelefon.

VERBANNEN SIE SÜSSIGKEITEN, CHIPS, KNABBEREIN & CO.

Am besten haben Sie diese Dinge gar nicht erst im Haus. Dann kommen Sie auch nicht in Versuchung. Denn mal ganz ehrlich: Wer isst schon eine Handvoll Chips oder eine Praline und stellt die volle Packung zurück in den Vorratsschrank? Daher sollten Sie ihre Selbstdisziplin nicht zu sehr strapazieren und sich gar nicht erst in Versuchung bringen. Haben Sie ihren Gelüsten erst einmal nachgegeben, tritt zusätzlich noch der „Jetzt-ist-es-doch-sowieso-schon-egal-Effekt" ein. Der lässt Sie noch beherzter zuzugreifen. Lagern Sie daher zu Hause am besten gar keine Naschereien.

LASSEN SIE SICH DURCH RÜCKFÄLLE NICHT VOM WEG ABBRINGEN

Gerade am Anfang ist die Gefahr in alte Verhaltensmuster zurückzufallen groß. Bereiten Sie sich deshalb auf Situationen vor, die sich ihrem Vorhaben entgegenstellen könnten: Geburtstagsfeiern, Feiertage, Geschäftsreisen, Urlaube etc. Legen Sie sich einen Plan zurecht, wie Sie trotzdem an ihrem Vorhaben fest halten. Verzweifeln Sie auf gar keinen Fall bei Rückfällen, sondern halten das einmal gefasste Ziel im Auge. Es funktioniert nicht von heute auf morgen, sondern erfordert regelmäßige Übung.

MEIDEN SIE STÄNDIG ESSENDE MENSCHEN

Buchen Sie keine All-inclusive-Urlaube und meiden Restaurants mit All-You-Can-Eat Angeboten (einzige Ausnahme ist die Salatbar) und Konditoreien. Essen Sie in der Kantine ihren Salat nicht neben den Personen, die sich gleich zwei Menüs bestellen. Denn in der Umstellungsphase ist es hinderlich, wenn Sie sich beim Essen in Gesellschaft von Personen befinden, die gerne viel und ungesund essen.

LANGSAMER UND BEWUSSTER ESSEN

Mal ehrlich: Essen Sie in Ruhe und ganz bewusst – oder schlingen Sie alles schnell und nebenbei herunter? Wer schlingt, hat schlechte Chancen auf ein Sättigungsgefühl. Denn dieses setzt erst nach 15 bis 20 Minuten ein.

Schaffen Sie sich bei jeder Mahlzeit ein ruhiges Umfeld und decken den Tisch schön ein. Widmen Sie sich ihren Mahlzeiten voll und ganz und lassen sich nicht ablenken. Kauen Sie intensiv und konzentrieren sich dabei auf den Geschmack ihrer Mahlzeit. Das fördert den Genuss und das Bewusstsein für ihre Speisen.

TRICKSEN SIE IHREN APPETIT AUS

Achten Sie zukünftig darauf, möglichst selten der Verführung durch Auge und Nase zu erliegen. Das gilt für den Einkaufsbummel vorbei an Würstchen-, Hähnchen-, Döner, Pizza oder Frittenbuden und dem Bäcker. Aber nicht nur gute Gerüche wirken appetitanregend. Auch das Auge isst mit. Ist ihnen nicht auch schon einmal nach einem appetitanregenden Werbespot das Wasser im Munde zusammen gelaufen? Versuchen Sie solche Situationen gerade in der Anfangsphase zu meiden.

DER STOPP-BEFEHL

Das Stopp-Schild ist das eindeutigste Verkehrszeichen der Welt. Wenn sich ihnen zukünftig Hindernisse in den Weg stellen, dann sagen Sie deutlich zu sich: „Stopp – Ich falle wieder in meine alten Verhaltensmuster!" Rufen Sie sich anschließend ihre Vision ins Gedächtnis und bleiben bei ihrem Vorhaben.

„CHEN" UND „LEIN" MACHEN ALLE DINGE KLEIN

Diese Verniedlichungen reduzieren ihre Schuldgefühle und ihr schlechtes Gewissen. Lassen Sie solche Verniedlichung grundsätzlich weg. Schließlich wissen wir alle, dass zu viel Torte dick macht. Aber ein kleines Stückchen oder ein Törtchen kann doch kaum etwas ausmachen, oder?

WENIGER TV-ABENDE

Nichts gegen einen gemütlichen Fernsehabend, solange er eher die Ausnahme als die Regel ist. Denn häufiges Fernsehgucken hat „Dickmacherpotenzial". Bis zu 300 Kalorien mehr nahmen Probanden der Universität Massachusetts zu sich, wenn sie ihr Essen vor dem Fernseher vertilgten. Wer statt einer Stunde vorm TV zusätzlich einen Spaziergang macht, verbrennt dagegen viele weitere Kalorien.

Tipps gegen

HEIßHUNGER

Um Heißhunger zu vermeiden, ist es hilfreich zu verstehen, wie dieser entsteht? Heißhunger kann körperliche und psychische Ursachen haben. Bestimmte Lebensmittel oder Inhaltsstoffe bzw. fehlende Nährstoffe können genauso Heißhunger auslösen, wie die Produktion bestimmter Hormone oder gleichbleibende Gewohnheiten. Spüren Sie ihre persönlichen Schwachstellen auf und leiten konkrete Gegenmaßnahmen ein.

MEHR BALLASTSTOFFE

Manche Fast-Food-Produkte werden bewusst ohne Ballaststoffe entwickelt, damit sie ein möglichst geringes Sättigungsgefühl auslösen. Das erhöht den Umsatz der Lebensmittelindustrie.

Ballaststoffe haben dagegen wenig Kalorien, viele gesundheitsfördernde Funktionen und wirken unheimlich sättigend. Gerade in Verbindung mit Wasser quellen sie im Darm richtig auf und machen lange satt. Hinzu kommt die intensive Kauarbeit. Je länger Sie kauen, desto schneller sind Sie satt. Daher haben wir in ihrem Ernährungsplan viele ballaststoffreiche Lebensmittel eingebaut. Damit sichern Sie ihre tägliche Ballaststoffzufuhr und sorgen für eine gute und schlank machende Darmflora.

MEHR VOLUMEN UND VITALSTOFFE

Im Magen sitzen Dehnungsrezeptoren, die ab einer gewissen Nahrungsmenge Sättigungs-signale produzieren. Daher haben wir in ihrem Ernährungsplan viele Lebensmittel mit einer niedrigen Energiedichte eingebaut. Diese füllen ihren Magen und liefern ihnen jede Menge Vitalstoffe, die zur Sättigung beitragen. Heißhunger kann z. B. entstehen, wenn ihrem Körper ein bestimmter oder mehrere Vitalstoffe fehlen.

WENIGER ZUCKER UND WEIßMEHLPRODUKTE

Nach dem Verzehr von Weißmehlprodukten und Zucker fällt ihr Blutzuckerspiegel nach steilem Anstieg schnell wieder ab. Süß- und Heißhunger ist die Folge. Tauschen Sie daher diese Kohlenhydrate gegen Vollkornprodukte aus und reduzieren Sie den Zucker. Achtung: Vor allem in vielen Fertigprodukten stecken wahre Zuckerbomben. Achten Sie auf die Inhaltsangaben. Hier ein paar Beispiele, hinter welchen Begriffen sich der Zucker versteckt: Dextrin, Stärke-Sirup, Süßmolkenpulver, Oligofruktose, Laktose, Dextrose, Saccharin, Galaktose, Melasse, Isomalt, Sacharose, Malzextrakt, Fruchtsüße, Raffinose, Isoglukose etc..

WENIGER STRESS

Eine ähnliche Blutzuckerachterbahn wie nach dem Verzehr von Weißmehlprodukten und Zucker erleben Sie in Stresssituationen. Diese können daher ebenfalls Süß- und Heißhungerattacken auslösen. Hinzu kommt, dass Sie sich abends nach einem besonders stressigen Tag belohnen möchten. Meistens mit Süßigkeiten oder Knabbereien.

Unser Gehirn produziert unmittelbar nach dem Verzehr von Zucker Dopamin. Dieses Hormon macht glücklich, zufrieden und satt. Zumindest kurzfristig. Langfristig droht die Gefahr einer Gewöhnung und man braucht immer mehr Süßes, um den gleichen Effekt auszulösen.

Schwitzen Sie daher den Stress lieber aus. Denn Sport und ausdauernde Bewegung ist das beste Mittel gegen Stress. Auch aktive Entspannungsübungen wie Yoga, Meditation und andere Methoden helfen.

PFEFFERMINZE UND AKUPRESSUR

Hatten Sie abends schon einmal Süßhunger, der nach dem Zähne putzen verschwunden ist? Der Pfefferminzgeschmack unterdrückt nämlich den Appetit auf süß. Also einfach zwischendurch einen Minztee trinken, auf Minzblättern oder einem zuckerfreien Pfefferminzkaugummi kauen, oder abends kurz nach dem Essen schon die Zähne putzen.

Ein Akupressurpunkt hilft ihnen ebenfalls beim Heißhunger. Drücken Sie mit dem Zeigefinger die Vertiefung zwischen Nase und Oberlippe fünfzehn Sekunden lang und atmen dabei tief durch. Dieser Punkt meldet dem Gehirn Sättigung.

MIT ALTEN GEWOHNHEITEN BRECHEN

Mancher Heißhunger entsteht aus reiner Gewohnheit. Haben Sie es sich zum Beispiel zur Gewohnheit gemach jeden Abend Schokolade zu essen, dann meldet sich die Schokolust automatisch und ein Verzicht fällt anfänglich schwer. Gelingt es ihnen sich für einige Zeit mit anderen Dingen abzulenken oder eine gute Alternative zu finden, dann schwindet der Appetit auf Schokolade nach einigen Tagen.

Schaffen Sie neue Gewohnheiten. Kochen Sie z. B. eine Tasse Pfefferminztee oder knabbern etwas Gesundes. Es ist erstaunlich, wie schnell sich ihr Körper und Geist auf die neue Situation einstellen. Studien haben gezeigt, dass der Mensch in nur 30 Tagen eine Gewohnheit ändern kann.

Wir haben ihnen empfohlen täglich nur 500 Kalorien einzusparen, da sonst der Jo-Jo-Effekt droht. Mit dieser Einsparung nehmen Sie pro Woche ein Pfund ab. Wenn Sie mehr wollen, dann verbrauche Sie einfach 500 Kalorien pro Tag zusätzlich. Dann kommen Sie auf ein Kilogramm Gewichtsverlust pro Woche. Und das ohne zu Hungern oder noch weniger zu essen. Haben Sie Lust darauf? Auch hier gilt. Je mehr Tipps Sie umsetzen, desto schneller werden Sie ihre Ziele erreichen.

BEWEGEN SIE SICH MEHR

Regelmäßige Bewegung unterstützt das Abnehmen besonders gut. Sie regt den Stoffwechsel an und hält Sie länger gesund. Wenigstens zwei- bis dreimal die Woche sollten Sie sich 30 Minuten ausdauernd bewegen. Es muss kein Hochleistungssport sein – Radfahren, Schwimmen, Walken oder Joggen sind gut geeignet, um Kalorien zu verbrennen.

HUNGERN SIE NICHT ZU VIEL

Hungern Sie zu lange, suggerieren Sie ihrem Körper schlechte Zeiten. Ihr Körper schützt sich davor und schaltet auf Sparflamme: Ihr Stoffwechsel wird gedrosselt und ihr Energieverbrauch sinkt. Diese Anti-Abnehm-Strategie ist eine schlechte Voraussetzung für ihren Erfolg. Steigt nämlich nach der Diät die Kalorienzufuhr wieder, nehmen Sie umso schneller wieder zu. Am Ende bringt man oft sogar mehr auf die Waage als vor der Diät. Sie landen dann in der Jo-Jo-Falle. Hungern Sie daher nicht zu lange und essen sich mit den richtigen Lebensmitteln satt. Und seien wir mal ehrlich: Wer hat schon einmal für längere Zeit eine strenge Diät durchgehalten bei der kontinuierlich der Magen knurrte und man einfach immer Hunger hatte?

ESSEN SIE MEHR EIWEISS

Mit ausreichend Eiweiß schützen Sie sich vor dem so gefürchteten Muskelabbau. Denn dieser Muskelverlust verursacht zum größten Teil den Jo-Jo-Effekt. Hinzu kommt, dass Sie für die Verarbeitung von Eiweiß ein Vielfaches an Stoffwechselenergie benötigen. Erhöhen Sie z. B. ihr Eiweißgehalt in der Nahrung von 15 % auf 30 %, dann verbraucht ihr Stoffwechsel täglich bis zu 200 Kalorien mehr. Und das ohne zu Schwitzen und ohne Bedenken. Denn wenn Sie zwei gesunde Nieren haben und ausreichend trinken, sind 30 % Eiweiß in der Nahrung gesundheitlich völlig unbedenklich. Das bestätigt auch die Deutsche Gesellschaft für Ernährung.

TRAINIEREN SIE IHRE MUSKELN

Damit verbrennen Sie nicht nur mehr Kalorien, sondern kurbeln ihren Stoffwechsel dauerhaft an. Denn pro kg Muskulatur verbrennen Sie bis zu 50 kcal pro Tag. Bauen Sie z. B. durch regelmäßiges Muskeltraining 4 kg Muskeln auf, dann verbrennen Sie dadurch bis zu 200 kcal täglich mehr. Das auch an sportfreien Tagen. Außerdem schützten Muskeln ihre Gelenke und formen ihre Figur. Also, worauf warten Sie noch?

KLEINE STOFFWECHSELHELFER

Mit Chili und Ingwer können Sie ihren Stoffwechsel zusätzlich anheizen. Diese Lebensmittel lösen einen thermischen Effekt aus, der zusätzlich Energie verbraucht. Sicherlich haben Sie es selber schon einmal erlebt, dass ihnen nach scharfem Essen warm wurde oder Sie angefangen haben zu schwitzen.

BEVORZUGEN SIE NATÜRLICHE LEBENSMITTEL

Machen Sie einen großen Bogen um hochverarbeitete Lebensmittel aus dem Supermarkt. Häufig enthalten sie viel Zucker, Aromen, Geschmacksverstärker und andere Zusatzstoffe. Diese verstärken ihren Appetit und animieren Sie mehr davon zu essen.
Greifen Sie anstelle dessen zu möglichst vielen natürlichen und unverarbeiteten Lebensmitteln. Diese haben deutlich mehr Ballaststoffe, sättigen besser und liefern wesentlich mehr Vitalstoffe. Das sogenannte „Clean Eating" hilft ihnen also jede Menge Kalorien einzusparen.

DROSSELN SIE DIE ZIMMERTEMPERATUR

Seit den 70er-Jahren hat sich die Temperatur in unseren Wohn- und Schlafräumen von 18 auf 21 °C erhöht. Und diese 3 Grad Differenz wiegen schwer: Wärme setzt unseren körpereigenen „Heizofen" außer Gefecht. Dieser wird aber durch braunes Fett befeuert und lässt es dahinschmelzen. Forscher raten daher zu einer Raumtemperatur von nur 16 Grad. Das soll 200 Extrakalorien am Tag verbrennen. Abgesehen von der Ersparnis stellt sich die Frage, ob Sie es wirklich so warm brauchen oder das Aufdrehen der Heizung bloß ungedachte Gewohnheit ist?

RIESENGRATULATION!

Sie haben ihr Ernährungsprogramm durchgezogen und wiegen heute deutlich weniger. Gehen Sie aber nicht davon aus, dass nun alles so für immer bleibt. Sie haben zwar mit den ersten 4 Wochen den entscheidenden Grundstein gelegt, aber jetzt heißt es, die neuen Rezepte die ihnen geschmeckt haben, konsequent in ihren Alltag zu integrieren.

Wenn Sie am Ball bleiben wollen, empfehlen wir ihnen unsere Premium-Mitgliedschaft. Damit haben Sie 14 Tage lang Zugriff auf über 10.000 Rezepte und können sich in wenigen Minuten eigene Wochenpläne erstellen. Schauen Sie einmal rein. Es lohnt sich garantiert.

Neben der erfolgreichen Gewichtsabnahme, haben Sie sicherlich noch weiteres Positives erlebt. Halten Sie sich das bitte deutlich vor Augen. Fühlen Sie sich vielleicht aktiver, konzentrierter und waren nachmittags nicht mehr so müde? Haben Sie besser geschlafen und bessere Laune gehabt? Haben sich ihre Gesundheits- und Blutwerte verbessert? Dies und noch vieles mehr, erreichen sie nämlich mit einer vitalstoffreicheren Ernährung von invikoo. Horchen Sie in sich hinein und erkennen auch diese Dinge als Erfolg an. Nicht zu vergessen, dass Sie mit einer vitaleren Ernährung länger jung bleiben und Sie einen besseren Schutz vor vielen Zivilisationserkrankungen, wie Herz-Kreislauf-Erkrankungen, Diabetes und Krebs haben. All das sind positive Auswirkungen für die es sich lohnt weiterzumachen.

PREMIUM MITGLIEDSCHAFT

Jede Woche einen neuen und individuellen Ernährungsplan, über 10.000 Abnehmrezepte, jeden Monat einen kompletten Diätplan für 30 Tage, jede Woche ein neues 10 Minuten Fitness-Programm und das für unglaubliche 3,33 € im Monat. Testen Sie diese tollen Angebote 14 Tage Gratis und überzeugen sich selbst:

DAS ABSOLUTE HERZSTÜCK

Der individuelle Ernährungsplan ist das absolute Herzstück von invikoo. In nur wenigen Minuten erstellen Sie mit dem Premium-Rezeptfilter Ihre eigenen Wochenpläne. Ganz nach Ihrem Geschmack und Ihren Bedürfnissen. Sie essen also nur, was Ihnen auch wirklich schmeckt und zu Ihrem Alltag und Ihren Zielen passt.

Ihre Favoriten speichern Sie dann in der Merkliste. So finden Sie diese schnell wieder und bauen sich eine eigene „Lieblings-Rezeptdatenbank" auf.

DIE EINZIGARTIGE DATENBANK

Exklusiver Zugang zu über 10.000 Rezepten:

✓ Viele schnelle Rezepte in 10 Minuten
✓ Speicherfunktion der Lieblingsrezepte
✓ Viele einfache Rezepte zum Mitnehmen
✓ Low-Carb, Low-Fat, High-Protein, Vegan uvm.
✓ Gewichtscoaching mit Erfolgskurve
✓ Schnell Abnehmen mit Rezepten unter 300 kcal

Zudem erhalten Sie als Premium-Mitglied noch 50 % Rabatt auf allen individuell erstellten Ernährungspläne. Sie bekommen einen kompletten 4 Wochenplan damit schon ab 9,90 €. Sie wählen einfach aus, was rein soll und was nicht und wir übernehmen die ganze Arbeit für Sie. Auf Wunsch schicken wir Ihnen diesen Plan sogar als fertiges Kochbuch!

FERTIGE DIÄTPLÄNE

Jeden Monat erhalten Sie einen Ernährungs-plan als E-Book mit Rezepten für 30 Tage. Dabei wählen Sie Ihre gewünschten Tageska-lorien aus. Neben den klassischen Ernäh-ungs-formen gibt es regelmäßig Sonderausgaben zu speziellen Themen.

✓ Vegan   ✓ Eiweißdiät   ✓ Zuckerfrei
✓ Low-Carb   ✓ Vegetarisch   ✓ Detox
✓ Low-Fat   ✓ Clean Eating   ✓ Darmbalance

105 Seiten ● **84 Rezepte** ● **Als E-Book**

10 MINUTEN FITNESS-VIDEOS

Bleiben Sie Fit, egal wo Sie sich gerade befinden, mit unseren 10 Minuten Fitness-Programmen.

✓ Jede Woche ein neues Programm
✓ Mit Videoanleitung und Coaching
✓ Einfache Übungen und Durchführung
✓ Training wann und wo Sie wollen

Gesund Abnehmen war noch nie so einfach.

IMPRESSUM

© Vieler & Kmiecik GmbH & Co. KG | Sinziger Str. 31
53424 Remagen | www.invikoo.de | info@invikoo.de

Bildnachweis:
Alle Bilder via fotolia, shutterstock und stockadobe.

ISBN: 978-3-9489-3800-0